早期療育課程評量

指導手冊

林麗英 編製

目錄

編製者簡介

林麗英

臺灣資深語言治療師

特殊教育語言溝通障礙講師

投入早期療育、語言治療康復、身心障礙服務已逾 48 年

現全心投入培訓、特教輔導及著作工作

經歷：心路社會福利基金會副執行長（退休）

三軍總醫院復健部語言治療師（20 年）

國立臺北教育大學幼兒教育學系、國立新竹師範學院特殊教育學系、
　　中山醫學院復健系兼任講師

中華民國聽力語言學會理事長

衛生福利部社會及家庭署早期療育推動委員會、新北市政府早期療育委員
　　會、教育部特殊教育諮詢委員會委員、衛生福利部社會及家庭署身心障
　　礙機構評鑑委員

著作：家有學語兒（上冊）（信誼基金會學前教育出版）

家有學語兒（下冊）（信誼基金會學前教育出版）

早期療育課程評量（心理出版社出版）

極重度多重障礙療育與照護評量（心理出版社出版）

玩出語言力（信誼基金會學前教育出版）

專長：語言治療、早期療育、特殊教育、身心障礙專業療育、身障機構營運管理

受獎：2005 年獲得第三屆全國發展遲緩兒童優秀從業人員【早期療育棕櫚獎】

2016 年獲得中華民國聽力語言學會【終生成就獎】

2017 年獲臺北市政府【早期療育貢獻獎】

自序

　　每每在心路基金會的早療中心中、在托兒所的融合服務中、在許許多多早療的單位裡，總有著許許多多的早療工作人員，拿著《學前發展性課程評量》刻劃著個案的評量側面圖，擬定著「個別化教育計畫」（IEP）目標時，心中總是泛起「該修訂了」、「該讓評量更合於功能性了」的聲音；當許許多多的早療老師拿著題本、指導手冊問我問題時，總提醒自己「要讓這套評量更好用些」、「要讓評量題目之題意更加清楚」……。但是許許多多的第一線工作總讓我將修訂的工作一擱再擱，讓許多第一線早療專業人員多年來的疑問或建議，只是片片段段的將它註記在電腦的檔案中。2008年年底，出版社總編輯敬堯的一通電話，讓我決心開始動筆修訂。

　　原本僅是打算將原有的「學前發展性課程評量」作些小修，但是當著手修訂時，卻是一個個領域的大修訂，「這個題目不合宜、要增加一些題目、計分標準不明確……」，所以修改後的題目內容與原來的「學前發展性課程評量」已有許多不同，例如：雖然維持七大領域，但是評量題目由原來的246題增加為358題，而各領域的架構也作了一些修改，所以與敬堯討論後，決定重新出版，定名為《早期療育課程評量》。

　　在設計本評量過程中，當自己把評量架構與評量題標完成時，就趕快與早療團隊的治療師及特教老師作討論，並再修正；當所有題目完成後，也讓老師及治療師在中心試評個案，看看評量結果是否符合個案的現況……，就這樣「設計、試評、修訂、再評」到最後的完稿，已歷經半年多。這半年多來，幾乎夜夜挑燈、清晨入睡、假日閉關、過年足不出戶，而今全部完稿，心中的滿足已足以忘記半年多來沒有生活品質的日子。

　　本評量之付梓，非常感謝心路的早療團隊，特別是治療師梅霖、筱芳及萬芳中心的早療老師國英的大力協助及提供許多寶貴意見；更感謝心路基金會這15年來，一直讓我帶領著優秀的早療團隊，在早療領域中共同發展早療服務及專業上的切磋。更感謝先生，接納我忙於工作時的忽略及全力的支

持與照顧，使我能全力以赴。

　　我也希望藉由本評量的出版，獻給所有為台灣早期療育工作努力的第一線工作人員，由於大家的投入，讓我們看見孩子的希望。

林麗英

2009 年 5 月 1 日

一、設計緣起

　　許多幼兒因先天生理上的限制，如：早產、出生體重過低、腦部缺氧、染色體異常等因素，或後天環境上刺激不足、缺乏學習經驗等種種因素，造成幼兒在動作發展、語言溝通、認知學習、生活自理及人際社會發展上，明顯落後同年齡的幼兒，而導致發展遲緩。當發展遲緩一旦被診斷出來，早期療育就應儘早提供；早期療育是對發展障礙或發展遲緩嬰幼兒的預防性訓練，它應該開始於嬰幼兒時期，所以稱為早期療育。許多醫學研究明白指出：多數高危險群的嬰幼兒將來可能有發展障礙之後遺症，為減輕這些後遺症的負面影響，在嬰幼兒發育的成長過程中，就應積極給予療育，提供一些發展上的訓練，以減輕發展障礙嬰幼兒將來之障礙程度。

　　依據聯合國世界衛生組織之統計，發展遲緩兒童的發生率約占兒童總人口數的六至八％。這表示台灣每一百名幼兒中，就有六至八名有發展遲緩或身心障礙之問題，這些幼兒可能因遺傳、腦傷或環境刺激不足等問題，而影響幼兒之身心發展，造成不同程度的發展障礙，例如：動作發展上的遲滯、語言發展障礙、情緒或社會適應的困難或是認知學習上的發展障礙等。這些兒童在認知、動作、語言、感覺統合或精細動作發展的困難，需藉由特教老師、物理治療師、職能治療師、語言治療師等提供專業評估與治療，才能增進其功能、促進發展，使其障礙程度減輕到最低，增加未來獨立生活的可能性，進而減少未來需要負擔的社會成本。

　　在早期療育中，復健專業與特殊教育的整合、為每個個案作完整評量、擬定合宜之個別化教育計畫（IEP）是不可或缺的。因早期療育之對象多為學前嬰幼兒或心理年齡較小之個案，發展性課程是較常被應用於早期療育之訓練計畫中，所以合於國內使用之早期療育課程評量工具是不可或缺的。

　　「早期療育課程評量」係以零至六歲兒童之正常發展為理論架構及設計基礎，並且依兒童發展分為七大領域；每個發展領域的題目，多依發展順序排列，由簡單到複雜。在使用本評量工具時，可以利用觀察或直接施測的方

式來進行評量，以了解受評量兒童在各項領域發展的現況及起點行為，作為設計個別化教育計畫（IEP）長、短程目標擬定之依據。

本評量係為一種以零至六歲發展為架構的發展性課程評量，而不是標準化的測驗，故不能據以診斷個案之心智年齡或發展商數，但它可以完整評量出個案在感官知覺、粗大動作、精細動作、語言溝通、生活自理、認知及社會適應等領域中，已具備之能力及未發展出之能力，作為擬定療育或教學目標之依據。

「早期療育課程評量」係以「學前發展性課程評量」作為修訂的藍本，並參考國內各發展測驗及學前特教課程而重新編訂。其中粗大動作領域、精細動作領域修訂完成後，由心路基金會早療團隊的物理治療師、職能治療師使用施測後，再經過多次調整而編訂，其他領域則在早療老師提供修訂意見下完成。

由於「學前發展性課程評量」在 1997 年 9 月出版後，在國內的早期療育機構、兒童發展中心、學前特教班及實施融合教育的幼托園所多用來作為擬定「個別化教育計畫」的依據；而「早期療育課程評量」係將原有發展性課程評量加以修訂，各領域增加許多題目來符合學前兒童的發展能力及學習表現，並考量其「功能性」及「實用性」。多年來此發展性課程評量工具施用於學前智能不足兒童、自閉症、發展遲緩及多重障礙幼兒，均可適當地評量出個案之能力與不能之處，據以設計教學目標，落實 IEP 之教學，使早期療育之訓練與教學工作可以更具體而有效。因粗大動作、精細動作及語言溝通領域均由專業物理治療師、職能治療師與語言治療師設計、討論修訂，故該相關領域亦適合於各專業治療師作為動作、語言發展之評量。

二、評量內容介紹

1. 本評量適用於正常零至六歲幼兒之感官知覺、動作、語言溝通、生活自理、認知及社會適應之能力評量，亦可適用於各類發展障礙兒童之評量，並作為擬定療育計畫之依據。

2. 本評量共包含七大領域，每個領域包含數個項目，每項均有數目不等的評量題目，為便於記分於側面圖，所以在每個題目前都有題號，後面有該題目之題標，例如：「5.3.19 使用含有形容詞的句子，如：說『我吃紅紅的草莓』（使用含形容詞句子）」這一題，題號為：5.3.19；題目為：使用含有形容詞的句子，如：說「我吃紅紅的草莓」；題標為：使用含形容詞句子。每個題標均明列於各領域之側面圖，在記分於側面圖時應詳加核對。

3. 本評量題目共有 358 題，分設於七大領域中，其內容為：
   (1)感官知覺領域：包含視覺應用、聽覺應用、觸覺應用、味嗅覺刺激、前庭及本體覺刺激等五大項目，共有 32 個評量題目。
   (2)粗大動作領域：包含姿勢控制、轉換姿勢、移動能力、簡單運動技能等四大項目，共有 54 個評量題目。
   (3)精細動作領域：包含抓放能力、操作能力、簡易勞作及書寫技能等三大項目，共有 47 個評量題目。
   (4)生活自理領域：包含飲食、如廁、清潔與衛生、穿著等四大項目，共有 51 個評量題目。
   (5)語言溝通領域：包含言語機轉、語言理解、口語表達、溝通能力（語用能力）等四大項目，共有 73 個評量題目。
   (6)認知領域：包含概念理解（依概念發展的順序再細分為：物體恆存概念、簡單因果概念、基本物概念、顏色概念、形狀概念、比較概念、空間概念、符號概念、數概念、順序概念等 10 個評量細項）、模仿、記憶、配對分類、邏輯思考、解決問題、簡單閱讀等七大項目，共有 71 個

評量題目。

(7)社會適應領域：包含自我概念、環境適應、人際互動、遊戲特質等四大項目，共有 30 個評量題目。

4. 本課程評量之題目均以 0 至 4 分之五個等級計分方式計分，每題依題目不同，在 0 至 4 分的計分標準中均有該計分標準之描述（詳見各領域計分標準）；但整體評量結果而言，每個計分等級均有其特定意義：

(1) 0 分：代表未發展出該項能力或沒有反應。

(2) 1 分：代表偶而出現該項能力，或需大量協助或誘發時才有反應。

(3) 2 分：代表正在發展該項能力，或只具備此項能力中之部分能力。

(4) 3 分：代表已發展出該項能力，但仍不穩定需稍加引導才能應用，或已具備該能力，但反應稍慢或表現品質不佳。

(5) 4 分：代表已發展出該項能力，且可獨立完成並應用於生活中。

5. 每個領域各大項目中之題目多以發展順序加以排列，以方便使用者可以評量出現有的能力，找到起點行為，並可依發展順序預期其下一階段應發展之項目並加以訓練，不會造成教學目標不符個案的能力與需求。

6. 利用各領域側面圖方式清楚標出評量結果，並設計有「整體發展側面圖」，以一張表呈現個案七大領域發展現況，可以立即了解個案在哪一個領域發展較為不利。

7. 為符合功能性教學目的，題目內容多與日常生活結合，使評量方式更符自然情境評量模式，也可使教學目標能與生活結合。

三、評量人員

　　本課程評量適於下列人員，以觀察或直接施測方式進行評量：

1. 物理治療師、職能治療師、語言治療師、心理師或心智科醫師。

2. 接受過「早期療育課程評量之應用」研習之早療機構老師或相關專業人員。

3. 接受過「早期療育課程評量之應用」研習之特教老師、托兒所或幼稚園教師，或其他相關專業人員。

四、施測說明

1. 評量之方式可以利用觀察或施測方式進行。如果個案年齡較小或配合度較差之個案，應儘量於一般自然情境中進行，評量者應在熟悉個案後，再多加誘發引導，觀察個案表現。部分行為不易於學校觀察者（如：洗澡、洗頭），可詢問家長或於家訪中觀察。

2. 每個題目依計分標準計分，並記於各領域的側面圖中，例如：一個案對光線均可正確反應，會轉頭去看，但是對移動物品只能維持短暫注視，則個案於 1.1.1 的得分為 4 分，1.1.2 的得分為 3 分，請於感官知覺領域側面圖上之「視覺機警度」欄之 4 分位置上作標記，「追視物品」欄之 3 分位置上作標記，依此類推。例圖如下：

領域一：感官知覺側面圖㈠

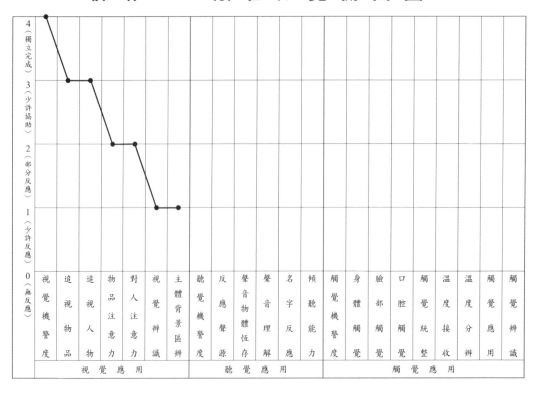

3. 每一領域評量完畢，各項度之記分應予以相連成曲線圖。例圖如下：

領 域 一 ： 感 官 知 覺 側 面 圖 ㈠

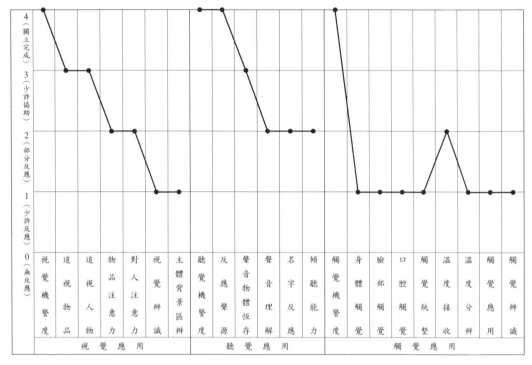

4.各領域之每一項度應計算總分，並於「整體發展側面圖」之適當位置標出
得分，例如：一個案評量結果如下：

⑴感官知覺領域：視覺應用得分 28 分、聽覺應用得分 24 分、觸覺應用得
分 35 分、味嗅覺刺激得分 16 分、前庭及本體覺刺激得分 24 分。

⑵粗大動作領域：姿勢控制得分 25 分、轉換姿勢得分 19 分、移動能力得
分 9 分、簡單運動技能得分 4 分。其餘類推，其例圖為：

整體發展側面圖

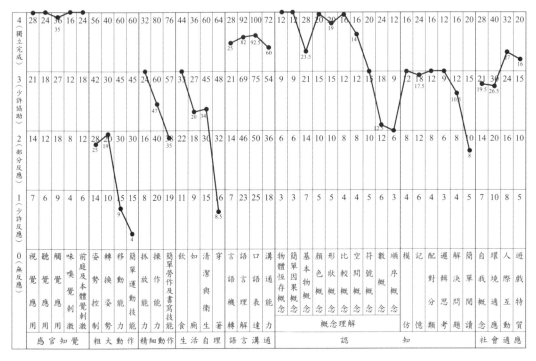

5. 各領域評量及側面圖完成後，於綜合研判報告中書明個案於各領域之評量結果，以便召開 IEP 會議之用。IEP 會議之討論結果有具體建議時，應書明於綜合研判報告之建議欄中。「綜合研判報告」之書寫範例如下頁所示。其餘各領域綜合研判之描述，請參見「六、個別化教育計畫案例」。

6. 不同階段評量（如：第一學期、第二學期），以不同顏色色筆加以標註，並於側面圖上填明評量日期及顏色。

評量結果綜合研判分析報告

個案姓名：○○○　　性別：女　　年齡：○歲○個月　　入學日期：○○年○○月○○日
　　　　　評量日期：○○年○○月○○日　　評量者：○○○

領域	現況摘要	建議事項
感官知覺	視覺應用：有良好的視覺機警度，可以追視移動的人或物品，有適當的視覺注意力及視覺區辨反應。 聽覺應用：聲音機警度良好，對於呼喚名字、作息音樂、鐘聲、車聲等各種環境的聲音，每次都能正確回應，有良好的聽覺理解能力。 觸覺應用：對於身體、臉部及口腔的觸覺刺激均可正確反應，不會排斥也不會過度偏好；能自己玩玩具，喜歡大人抱抱、親親，觸碰到冰或熱的物品會表示；手伸入神祕袋中，拿取指定物品時，會以眼睛看物（一小角）才能正確找出；不排斥或過度喜歡特定物品。 味嗅覺刺激：能接受各種不同的食物，嚐到或聞到不同味道的食物時，會有不同表情，有良好的味嗅覺反應。 前庭及本體覺刺激：在大人抱扶玩擺盪、搖晃、旋轉時，會有高興的表情，能接受玩緊抱及重壓的遊戲。	
粗大動作	○○○為一痙攣型腦性麻痺個案，其下肢張力屬於中到高度高張，上肢為輕到中度高張，目前穿踝足支架，並使用站立架及輪椅。 姿勢控制：能趴在地板上，並用手撐起上半身；在趴姿下，能伸出一手拿東西，但很快就放下；坐在靠背的小椅子可維持平衡，但無法坐著轉身；能維持四點跪姿勢一段時間，但姿勢異常且不穩定；在攙扶雙手下，可站立一段時間，但不能轉身；可在雙手攙扶下維持跪姿，但無法跪著轉身；單腳站部分，在雙手攙扶下，偶而能一腳稍稍離開地面，但腳馬上放下，無法單腳站；因下肢張力高，無法蹲。 轉換姿勢：在重點肢體協助下，能由趴姿經四點跪轉換到 W 型坐姿；能由坐地板姿勢轉換到仰躺，在姿勢轉換中需要較長的時間轉換，且動作僵硬；在大人牽其雙手下，能從坐椅子到站起來，或由站到坐下；在雙手攙扶及協助彎曲雙腳下，能由站姿到蹲姿，再由蹲至站。 移動能力：○○○的下肢張力屬於高張，所以其移動能力有明顯受限；可以左右翻滾及四點跪姿爬行，但動作不協調；能使用助行器行走，但姿勢不穩，且有剪刀腳情形，需要協助控制方向；上下樓梯、跳及其他移行能力則有明顯困難。 簡單運動技能：在協助四點跪姿下，能有鑽進桌下或鑽籠的動作，鑽出時需大人的肢體協助；抱至溜滑梯上，會以仰躺的姿勢溜下；抱在盪鞦韆上時，可以用手抓住鞦韆繩，由大人幫忙擺盪；由大人將其放在特製的三輪車上，能一下一下地踩動踏板，但無法連續踩動，手有少許控制三輪車方向的能力；需在大人扶其雙手下，能有接球的動作，協助下能用雙手丟球。其餘運動技能多受張力及動作受限下，而有困難。	因受限於肌肉張力較高，且踮腳尖情形，宜穿踝足支架，以免踝關節變形。

五、題目與計分標準

1.感官知覺領域 ◇•◇•◇•◇•◇•◇•◇•

❀ 1.1 視覺應用

□　1.1.1 頭會轉向光源　　　　　　　　　　　　　　　　　　　(視覺機警度)

　　0：沒反應或盲

　　1：4 次中有 1 次反應

　　2：2 次中有 1 次反應

　　3：每次均可反應，但反應較慢

　　4：每次均可正確反應

□　1.1.2 會追視眼前移動物品　　　　　　　　　　　　　　　　(追視物品)

　　0：沒反應或盲

　　1：4 次中有 1 次反應

　　2：2 次中有 1 次反應

　　3：需口頭提示或可追視，但時間較短，約 5 秒內

　　4：每次均可正確反應

□　1.1.3 眼睛會隨著移動的人移動　　　　　　　　　　　　　　(追視人物)

　　0：沒反應或盲

　　1：4 次中有 1 次反應

　　2：2 次中有 1 次反應

　　3：需口頭提示或可追視，但時間較短，約 5 秒內

　　4：每次均可正確反應

☐ 1.1.4 視線可停留於有興趣的物品，約 10 秒　　　　　　（物品注意力）

　　0：沒反應

　　1：會看，但少於 2 秒

　　2：會看，但少於 5 秒

　　3：需提示或不斷逗弄下，可維持 10 秒

　　4：可超過 10 秒

☐ 1.1.5 會注視叫他或和他說話的人　　　　　　　　　　（對人注意力）

　　0：沒反應

　　1：4 次中有 1 次反應

　　2：2 次中有 1 次反應

　　3：有注視，但注視時間較短，約 5 秒內

　　4：每次均可正確反應

☐ 1.1.6 能從一堆物品中，找到指定物品　　　　　　　　　（視覺辨識）

　　0：沒反應或盲

　　1：會看物品，但沒有找的動作

　　2：眼睛會看著物品，且有嘗試找的動作，但無法找到

　　3：在大人指出物品時，能從一堆物品中，找到指定物品

　　4：每次均能從一堆物品中，找到指定物品

☐ 1.1.7 能從有背景圖案的圖畫中，找到指定物品　　　（主體背景區辨）

　　0：沒反應或盲

　　1：會看圖畫，但沒有找的動作

　　2：眼睛會看著圖畫，且有嘗試找的動作，但無法找到

　　3：在大人提供暗示下，才能從有背景圖案的圖畫中，找到指定物品

　　4：每次均能從有背景圖案的圖畫中，找到指定物品

❋ 1.2 聽覺應用

☐ 1.2.1 聽到聲音會有反應，如：眨眼、表情改變、目視或驚嚇(聽覺機警度)

　0：沒反應或聽力損失

　1：4 次中有 1 次反應

　2：2 次中有 1 次反應

　3：聲音出現時間稍長時，可正確反應

　4：每次均可正確反應

☐ 1.2.2 頭會轉向聲源　　　　　　　　　　　　　　　　(反應聲源)

　0：沒反應或聽力損失

　1：4 次中有 1 次反應

　2：2 次中有 1 次反應

　3：每次均可反應，但反應較慢

　4：每次均可正確且快速反應

☐ 1.2.3 能找到藏著的聲音　　　　　　　　　　　　(聲音物體恆存)

　0：沒反應或聽力損失

　1：對聲音有反應，但不知去找

　2：會找聲音，但方向判斷錯誤，或中途放棄

　3：能找到藏著的聲音，但反應較慢

　4：每次均可正確反應

☐ 1.2.4 能正確反應環境中的聲音至少 5 種，如：聽到電話聲

　　　　會去拿電話　　　　　　　　　　　　　　　　(聲音理解)

　0：沒反應或聽力損失

　1：對聲音有反應，但不知是什麼聲音

　2：只了解 1 種聲音

　3：了解 2 至 4 種聲音

　4：能正確反應環境中的聲音至少 5 種

□ 1.2.5 對自己名字有反應 (名字反應)

0：沒反應或聽力損失

1：對聲音有反應，但不知是自己名字

2：4 次中有 1 次可以正確反應

3：有正確反應，但反應較慢，或需再叫 1 次

4：每次均可正確反應

□ 1.2.6 會傾聽來自電視、音響或人說話的聲音，至少 10 秒 (傾聽能力)

0：沒反應或聽力損失

1：會聽，但少於 2 秒

2：會聽，但少於 5 秒

3：在安靜沒有干擾情境下，可以傾聽維持 10 秒

4：在一般情境下，可以傾聽超過 10 秒

❋ 1.3 觸覺應用

□ 1.3.1 身體被碰觸時會有反應，如：查看、用手摸被碰觸位置(觸覺機警度)

0：沒反應或過度閃躲

1：4 次中有 1 次反應

2：2 次中有 1 次反應

3：有反應，但反應較慢

4：每次均可正確反應

□ 1.3.2 能接受對身體、手腳等觸覺刺激，不排斥也不過度
　　　偏好 (身體觸覺)

0：無法接受或過度偏好

1：偶而可接受（少於 10%），或只有少許部位可接受

2：有 1/2 次可接受，或有 1/2 的身體部位可接受觸覺刺激

3：稍強制或堅持下，可接受

4：不排斥碰觸或撫摸

☐ 1.3.3 願意接受對臉部觸覺刺激，不排斥也不過度偏好 　　(臉部觸覺)

0：無法接受或過度偏好

1：偶而可接受（少於 10%），或只有少許部位可接受

2：有 1/2 次可接受，或有 1/2 臉部部位可接受

3：稍強制或堅持下，可接受

4：不排斥碰觸或撫摸

☐ 1.3.4 對刷牙、擦嘴等口腔觸覺刺激，不排斥也不過度偏好 　　(口腔觸覺)

0：無法接受或過度偏好

1：偶而可接受（少於 10%），或只可作少許碰觸

2：有 1/2 次可接受

3：稍強制或堅持下，可接受

4：不排斥碰觸或觸覺刺激

☐ 1.3.5 可以把玩物品或拿握物品在手中，超過 10 秒以上 　　(觸覺統整)

0：沒反應或過度偏好

1：可以接受物品碰觸手部，但立刻丟掉

2：強制將物品放入手中時，可接受，但少於 5 秒

3：不斷鼓勵下，可維持 10 秒

4：可以把玩物品或拿握物品在手中，超過 10 秒以上

☐ 1.3.6 能接受不同溫度刺激，如：冷熱冰，且不排斥也

　　 不過度偏好 　　(溫度接收)

0：無法接受或沒反應

1：偶而可接受（少於 1/4 次），或只有少許溫度改變可接受

2：2 次中有 1 次可接受，或可接受少許溫度改變

3：稍強制或堅持下，可接受

4：能接受不同溫度刺激

☐ 1.3.7 碰到不同溫度的東西時，會有不同的反應或表情 　　(溫度分辨)

0：沒反應或十分排斥

1：4 次中有 1 次反應

2：2 次中有 1 次反應

3：有反應，但反應較慢

4：每次均可正確反應

☐ 1.3.8 能用手揉搓、擠捏、拍打物品 　　(觸覺應用)

0：沒反應或過度閃躲，或過度喜歡觸覺刺激

1：有嘗試碰觸動作，但立即將手縮回

2：手可握住物品不排斥，但不會有揉搓、擠捏、拍打動作

3：在不斷鼓勵或堅持下，可應用

4：每次均可接受並操作

☐ 1.3.9 在遮蔽視線的情形下，能觸摸分辨相同及不同質感的
物品 　　(觸覺辨識)

0：沒反應

1：會嘗試碰觸，但立即將手縮回

2：手可觸摸物品，且不排斥，但無法辨識

3：需用手指出物品或口頭暗示，才會撥開物品找到目標物或正確辨識

4：每次均可正確反應

❀ **1.4 味嗅覺刺激**

☐ 1.4.1 能接受不同味道的食物，如：酸甜苦辣，且不排斥
也不過度偏好 　　(味覺接收)

0：無法接受或沒反應

1：嚐到不同的味道，會排斥或哭

2：可接受少許味道的改變

3：稍強制或堅持下，可接受不同味道

4：能接受不同味道的食物

☐ 1.4.2 嚐到不同味道食物時，會有不同反應或表情　　　(味覺分辨)

0：沒反應或十分排斥

1：4 次中有 1 次反應

2：2 次中有 1 次反應

3：有反應，但反應較慢

4：每次均可正確反應

☐ 1.4.3 能接受不同嗅覺刺激，如：香臭酸辣，且不排斥

也不過度偏好　　　(嗅覺接收)

0：無法接受或過度偏好

1：聞到不同味道時，有排斥的表情或哭、叫

2：可接受少許味道改變

3：稍強制或堅持下，可接受聞不同味道

4：能接受聞不同味道的嗅覺刺激

☐ 1.4.4 聞到不同味道時會有不同反應或表情，且不排斥

也不過度偏好　　　(嗅覺分辨)

0：沒反應或排斥或過度偏好

1：4 次中有 1 次反應

2：2 次中有 1 次反應

3：有反應，但反應較慢

4：每次均可正確反應

❀ 1.5 前庭及本體覺刺激

☐ 1.5.1 當個案被扶抱下移動時，不會有排斥或過度興奮之情形 (扶抱移動)

0：排斥或過度偏好

1：偶而可接受（少於 1/4 次），或只能接受短時間的刺激

2：2 次中有 1 次可接受刺激

3：有掙扎情形，大人堅持下即可接受

4：每次均可接受，且不會有排斥或過度興奮行為

☐　1.5.2 當提供個案搖晃、擺盪等線性加速度活動時，不
　　　　　會有排斥或過度興奮之情形　　　　　　　　　　　（加速度活動）
　　　0：排斥或過度偏好
　　　1：偶而可接受（少於 1/4 次），或只能接受短時間的刺激
　　　2：2 次中有 1 次可接受刺激
　　　3：有掙扎情形，大人堅持下即可接受
　　　4：每次均可接受，且不會有排斥或過度興奮行為

☐　1.5.3 當個案被擺在治療球上進行搖晃或彈壓活動時，
　　　　　不會有排斥或過度興奮之情形　　　　　　　　　　（治療球活動）
　　　0：排斥或過度偏好
　　　1：偶而可接受（少於 1/4 次），或只能接受短時間的刺激
　　　2：2 次中有 1 次可接受刺激
　　　3：有掙扎情形，大人堅持下即可接受
　　　4：每次均可接受，且不會有排斥或過度興奮行為

☐　1.5.4 當個案被旋轉時，不會有排斥或過度興奮之情形　　（旋轉活動）
　　　0：排斥或過度偏好
　　　1：偶而可接受（少於 1/4 次），或只能接受短時間的刺激
　　　2：2 次中有 1 次可接受刺激
　　　3：有掙扎情形，大人堅持下即可接受
　　　4：每次均可接受，且不會有排斥或過度興奮行為

☐ 1.5.5 當進行關節擠壓的活動（如：小牛耕田、互推、
　　　　跳躍等），或由大人幫忙進行關節擠壓的活動時，
　　　　不會有排斥或過度興奮的情形　　　　　　　　　　（關節擠壓）
　　0：排斥或過度偏好
　　1：偶而可接受（少於 1/4 次），或只能接受短時間的刺激
　　2：2 次中有 1 次可接受刺激
　　3：有掙扎情形，大人堅持下即可接受
　　4：每次均可接受，且不會有排斥，或過度興奮行為

☐ 1.5.6 能接受照顧者適度的緊抱或重壓刺激，且不排斥
　　　　也不過度偏好　　　　　　　　　　　　　　　　（緊抱重壓刺激）
　　0：無法接受
　　1：偶而可接受（少於 1/4 次），或緊抱或重壓時，會立即掙脫
　　2：有 1/2 次可接受，或可接受少許緊抱或重壓
　　3：稍強制或堅持下，可接受
　　4：接受緊抱或重壓刺激時，不會有排斥或過度興奮行為

2.粗大動作領域 ◇•◇•◇•◇•◇•◇•◇•

❀ 2.1 姿勢控制

☐ 2.1.1 扶抱腋下時，頭能挺直　　　　　　　　　　(頭部控制)

0：扶抱腋下時，頭無法挺直

1：扶抱腋下時，頭挺直只維持 2 秒

2：扶抱腋下時，頭能挺直，但不超過 30 秒

3：頭能挺直，但姿勢異常，如：張力異常或頭部歪斜一邊

4：姿勢正常

☐ 2.1.2 抱著時，頭能挺直，且自由轉頭　　　　　　(頭部轉動)

0：抱著時，頭無法挺直或轉動

1：抱著時，頭可挺直，但無法轉動，或只維持 2 秒

2：抱著時，頭可挺直且可轉動，但不超過 30 秒

3：頭可挺直且可轉動，但姿勢異常，如：費力或張力異常

4：姿勢正常

☐ 2.1.3 趴在地上時，可以用手撐起上半身　　　　　(肩部控制)

0：趴在地上時，頭無法挺直

1：趴在地上時，頭可挺直，但無法用手撐起上半身

2：趴在地上時，可以用手撐起上半身，但不超過 2 秒

3：趴在地上時，可以用手撐起上半身，但姿勢異常

4：趴在地上時，可以用手撐起上半身，姿勢正確，且可超過 30 秒

□ 2.1.4 趴在地上時，可撐起上半身，並伸出一手拿東西，
　　　　且左右手均可伸出 (肩部重量移轉)

　0：趴在地上時，無法撐起上半身

　1：趴在地上時，可撐起上半身，但無法伸出一手

　2：趴在地上時，可撐起上半身，且伸出一手，但姿勢異常或會倒

　3：趴在地上時，可撐起上半身，且伸出一手，但僅限左手或右手

　4：趴在地上時，可撐起上半身，且伸出一手拿東西，且左右手均可伸出

□ 2.1.5 坐在地上或沒靠背椅子時，軀幹可挺直 (維持坐姿)

　0：無法坐

　1：可以坐有靠背椅子不倒

　2：坐在地上或沒靠背椅子時，軀幹可挺直，但不超過 2 秒

　3：坐在地上或沒靠背椅子時，軀幹可挺直，但姿勢異常

　4：坐在地上或沒靠背椅子時，軀幹可挺直，且可超過 30 秒

□ 2.1.6 坐得很穩，且可坐著轉身 (坐姿轉身)

　0：無法坐

　1：可以坐，但無法坐著轉身

　2：坐得很穩且可坐著轉身，但只維持 2 秒

　3：坐得很穩且可坐著轉身，但姿勢異常

　4：坐得很穩且可坐著轉身

□ 2.1.7 能穩定維持用雙手雙膝觸地之四點跪 (四點跪)

　0：會趴，但無法維持四點跪

　1：由趴著姿勢嘗試拱起背作跪姿，但無法作到

　2：能維持四點跪，但只維持 2 秒

　3：能穩定維持四點跪，但姿勢異常

　4：能穩定維持四點跪，且超過 30 秒

□ 2.1.8 站立時，臀部、背部及雙膝可挺直 (站立)

0：無法站立，腳部未出現承重動作

1：在雙手攙扶下或靠著東西時，才有站立動作，但只維持 2 秒

2：在單手攙扶下，有站立動作，且可維持 10 秒

3：可獨自站立，但臀部及雙膝微彎無法挺直，或姿勢異常

4：站立時，臀部、背部及雙膝可挺直，姿勢正常，且超過 30 秒

□ 2.1.9 能穩定站立，且可轉身 (站立轉身)

0：無法站立

1：需攙扶或靠東西才能站立

2：可穩定站立，但無法轉身

3：可穩定站立且可轉身，但姿勢異常，或會跌倒

4：可穩定站立且可轉身

□ 2.1.10 能穩定用雙膝跪，背部、臀部挺直 (雙膝跪直)

0：雙膝無法彎曲

1：有雙手雙膝觸地之四點跪姿勢，但無法用雙膝跪

2：在雙手攙扶下，才能用雙膝跪

3：能用雙膝跪，但臀部無法挺直，或姿勢異常

4：能穩定用雙膝跪，背部、臀部挺直，且可維持 30 秒

□ 2.1.11 能用雙膝跪，且靈活轉動身體拿東西 (雙膝跪轉身)

0：無法用雙膝跪

1：在雙手攙扶下，才能用雙膝跪，但無法轉身

2：能用雙膝跪，但無法轉身

3：能用雙膝跪且可轉身，但姿勢異常，或會跌倒

4：能用雙膝跪且可轉身

☐ 2.1.12 能蹲著玩東西　　　　　　　　　　　　　　　　　　（蹲）

　　0：無法蹲

　　1：能維持被擺在蹲的姿勢下 2 秒，就會跌坐在地上

　　2：在一手攙扶時，能蹲著玩東西

　　3：能蹲著玩東西，但姿勢異常，或只維持 10 秒

　　4：能蹲著玩東西，且維持 30 秒

☐ 2.1.13 能單腳站 10 秒　　　　　　　　　　　　　　　　　（單腳站）

　　0：無法站

　　1：在大量肢體協助下，一腳能稍稍抬離地面，但腳馬上放下

　　2：在一手攙扶時，才能單腳站

　　3：能單腳站，但姿勢異常，或只維持 2 秒

　　4：能單腳站，且維持 10 秒

☐ 2.1.14 能踮腳尖站，並維持 10 秒　　　　　　　　　　　（踮腳尖站）

　　0：無法站

　　1：可獨立站立

　　2：在攙扶下，才能踮腳尖站

　　3：能踮腳尖站，但只維持 5 秒以內

　　4：能踮腳尖站，並維持 10 秒

❀ 2.2 轉換姿勢

☐ 2.2.1 能由趴睡姿勢翻身至仰躺　　　　　　　　　　　（趴睡至仰躺）

　　0：無法翻身

　　1：在大量肢體協助下（如：扶腋下和腿部施力），才能由趴睡姿勢翻身
　　　至仰躺

　　2：在重點肢體協助下（如：只在腿部帶一下），才能由趴睡姿勢翻身至
　　　仰躺

　　3：能由趴睡姿勢翻身至仰躺，但姿勢異常，或嘗試一兩次後就可翻過

　　4：姿勢正常且獨立完成

☐ 2.2.2 能由仰躺姿勢翻身至趴睡　　　　　　　　　　　　(仰躺至趴睡)
　　0：無法翻身
　　1：在大量肢體協助下（如：扶背部和臀部施力），才能由仰躺姿勢翻身至趴睡
　　2：在重點肢體協助下（如：只在臀部推一下），才能由仰躺姿勢翻身至趴睡
　　3：能由仰躺姿勢翻身至趴睡，但姿勢異常，或嘗試一兩次後就可翻過
　　4：姿勢正常且獨立完成

☐ 2.2.3 能由側躺姿勢起身坐起　　　　　　　　　　　　　(由躺至坐)
　　0：無法坐
　　1：在大量肢體協助下（如：拉手和背部施力），才能由側躺姿勢起身坐起
　　2：拉其一手協助下，才能由側躺姿勢起身坐起
　　3：能由側躺姿勢起身坐起，但姿勢異常，或嘗試一兩次後就可坐起
　　4：姿勢正常且獨立完成

☐ 2.2.4 能由坐著姿勢躺下　　　　　　　　　　　　　　　(由坐至躺)
　　0：無法坐
　　1：在大量肢體協助下（如：扶抱），才能由坐著姿勢躺下
　　2：在重點肢體協助下（如：扶住頭部），才能由坐著姿勢躺下
　　3：能由坐著姿勢躺下，但姿勢異常
　　4：姿勢正常且獨立完成

☐ 2.2.5 能由坐在地板轉到用雙手雙膝著地之四點跪　　　　(由坐至四點跪)
　　0：無法坐或用雙手雙膝著地之四點跪
　　1：需將其擺到四點跪姿勢，才能維持四點跪姿勢
　　2：在部分肢體協助下，才能由坐在地板轉到四點跪
　　3：能由坐在地板轉到四點跪，但姿勢異常
　　4：姿勢正常且獨立完成

□ 2.2.6 能不必攙扶，獨立由坐椅子到站起來　　　　　　（由坐椅子至站）

　0：無法坐或站

　1：在大量肢體協助下（如：扶抱），才能由坐椅子到站起來

　2：雙手在攙扶或拉住欄杆下，才能由坐椅子到站起來

　3：能由坐椅子到站起來，但姿勢異常，或單手扶才能站起來

　4：姿勢正常且獨立完成

□ 2.2.7 能不必攙扶，獨立由站姿坐到椅子上　　　　　　（由站至坐椅子）

　0：無法站或坐

　1：在大量肢體協助下（如：扶抱），才能由站姿坐到椅子上

　2：雙手在攙扶或拉住欄杆下，才能由站姿坐到椅子上

　3：能由站姿坐到椅子上，但姿勢異常，或單手扶才能坐下

　4：姿勢正常且獨立完成

□ 2.2.8 能不必攙扶，獨立由坐地板到站起來　　　　　　（由坐地板至站）

　0：無法站起來

　1：在大量肢體協助下，才能由地板站起來

　2：需牽兩手，才能由地板站起來

　3：需牽一手，才能由地板站起來

　4：姿勢正常且獨立完成

□ 2.2.9 能不必攙扶，獨立由站著姿勢到蹲下　　　　　　（由站至蹲下）

　0：無法站或蹲

　1：需直接擺在蹲的位置

　2：需協助將腳彎曲或肢體協助下，才能由站著姿勢到蹲下

　3：在牽手協助下，能由站著姿勢到蹲下，或能自行蹲下，但會跌坐地上

　4：可以獨立由站著姿勢到蹲下

☐ 2.2.10 能不必攢扶，獨立由蹲著姿勢到站立 　　　　　　(由蹲至站)

　　0：無法蹲或站立

　　1：在大量肢體協助下（如：扶抱），才能由蹲著姿勢到站立

　　2：雙手需攢扶或拉住欄杆下，才能由蹲著姿勢到站立

　　3：能由蹲著姿勢到站立，但姿勢異常，或單手扶才能站起來

　　4：姿勢正常且獨立完成

❀ 2.3 移動能力

☐ 2.3.1 會左右翻滾 　　　　　　　　　　　　　　　(左右翻滾)

　　0：無法翻身

　　1：在肢體協助下，才能翻身，但無法左右翻滾

　　2：不需協助下，能翻身，但無法左右翻滾

　　3：在肢體重點協助下，能左右翻滾，或可左右翻滾，但姿勢異常

　　4：姿勢正常且獨立完成

☐ 2.3.2 會用雙手、雙膝、肚子離地爬行 　　　　　　　(爬行)

　　0：只能直接擺在趴睡姿勢，無法爬行

　　1：能匍匐前進，但姿勢異常

　　2：能匍匐前進

　　3：會用雙手、雙膝、肚子離地爬行，但姿勢異常，或只能前進兩三步

　　4：姿勢正常且獨立完成

★ 行走能力

☐ 2.3.3 雙手能扶著傢俱走 　　　　　　　　　　　　(扶著走)

　　0：無法站

　　1：能扶著傢俱站，但無法扶著走

　　2：能扶著傢俱走一步就跌倒

　　3：能雙手扶著傢俱走，但姿勢異常或不穩

　　4：姿勢正常且獨立完成

☐ 2.3.4 可獨立行走，並會控制方向、停止、轉彎　　　　　　（行走控制）

0：扶抱其腋下時，腳有少許跨步動作

1：牽其雙手時，可走一段距離

2：牽一手可走一段距離

3：能獨立行走，但不會轉彎，或控制方向或姿勢異常

4：可獨立行走，並會控制方向、停止、轉彎

☐ 2.3.5 能用腳趾腳跟相接，向前走一直線　　　　　　　　（向前走直線）

0：無法走

1：可以獨立行走，但不會向前走一直線

2：在單手攙扶下，會向前走一直線

3：可以向前走一直線，但會歪斜、不穩，或姿勢異常

4：姿勢正常，且用腳趾腳跟相接，向前走一直線

☐ 2.3.6 能用腳趾腳跟相接，倒退走一直線　　　　　　　　　（倒退走）

0：無法走

1：可以獨立行走，但不會倒退走

2：會倒退走，但不會走一直線

3：可以倒退走一直線，但會歪斜、不穩，或姿勢異常

4：姿勢正常，且用腳趾腳跟相接，倒退走一直線

☐ 2.3.7 可獨立行走有高低差的路面或軟墊上，並維持平衡　　（行走平衡）

0：無法行走

1：牽一手可走有高低差的路面或軟墊上

2：能獨立行走，但走不平的路面或軟墊會跌倒

3：能獨立走上斜坡或走下斜坡

4：可獨立行走於有高低差的路面或軟墊上而不跌倒

★上下樓梯

□ 2.3.8 可兩腳一階上樓梯，且手不扶　　　　　　　　　　（兩腳上樓梯）

　　0：無法站或移位

　　1：雙手扶時，能以兩腳一階方式跨上台階，但無法連續

　　2：雙手扶時，能兩腳一階連續上樓梯

　　3：單手扶時，能兩腳一階上樓梯，或手不扶，但姿勢異常

　　4：姿勢正常且獨立完成

□ 2.3.9 可兩腳一階下樓梯，且手不扶　　　　　　　　　　（兩腳下樓梯）

　　0：無法站或移位

　　1：雙手扶時，能以兩腳一階方式跨下台階，但無法連續

　　2：雙手扶時，能兩腳一階連續下樓梯

　　3：單手扶時，能兩腳一階下樓梯，或手不扶，但姿勢異常

　　4：姿勢正常且獨立完成

□ 2.3.10 可一腳一階上樓梯，且手不扶　　　　　　　　　（一腳上樓梯）

　　0：無法站或移位

　　1：雙手扶時，能以一腳一階方式跨上台階，但無法連續

　　2：雙手扶時，能一腳一階連續上樓梯

　　3：單手扶時，能一腳一階上樓梯，或手不扶，但姿勢異常

　　4：姿勢正常且獨立完成

□ 2.3.11 可一腳一階下樓梯，且手不扶　　　　　　　　　（一腳下樓梯）

　　0：無法站或移位

　　1：雙手扶時，能以一腳一階方式跨下台階，但無法連續

　　2：雙手扶時，能一腳一階連續下樓梯

　　3：單手扶時，能一腳一階下樓梯，或手不扶，但姿勢異常

　　4：姿勢正常且獨立完成

★ 跳

☐ 2.3.12 會由階梯跳下 (由階梯跳下)

　　0：無法站

　　1：牽兩手能跳下

　　2：牽一手能跳下

　　3：能跳下，但會跌坐地上，或用手扶地

　　4：能自行由階梯跳下

☐ 2.3.13 會雙腳連續跳 (雙腳跳)

　　0：無法站

　　1：在雙手攙扶下，可跳 1 下

　　2：在單手攙扶下，可跳 1 下

　　3：在單手攙扶下，能連續跳，或自行以雙腳跳 1 下

　　4：會雙腳連續跳

☐ 2.3.14 會用優勢腳單腳連續向前跳 (單腳向前跳)

　　0：無法單腳站

　　1：在雙手攙扶時，才能單腳向前跳 2 步以上

　　2：在一手攙扶時，才能單腳向前跳 2 步以上

　　3：會單腳跳 1 下

　　4：能單腳連續向前跳

☐ 2.3.15 會跑步，並控制速度、方向或停止 (跑步平衡)

　　0：無法行走

　　1：會快走，但不會跑

　　2：會跑步，但容易跌倒，或姿勢怪異

　　3：會跑直線，但無法控制方向

　　4：會跑步，並控制速度、方向或停止

❀ 2.4 簡單運動技能

☐ 2.4.1 會在跳床或彈簧墊上連續跳 (跳床)
0：無活動能力或沒反應
1：抱其腋下作跳的動作時，有彈跳動作，但無法連續跳動
2：拉起手可以有跳起動作，但無法連續
3：拉起手會在跳床或彈簧墊上連續跳
4：會獨立在跳床或彈簧墊上連續跳

☐ 2.4.2 會鑽進鑽出箱子、桌子或鑽籠 (鑽籠)
0：無活動能力或沒反應
1：按下其身體或頭時，會鑽進箱子、桌子或鑽籠，但無法鑽出爬動
2：按下其身體或頭時，會鑽進箱子、桌子或鑽籠，能爬動，鑽出時也需肢體協助
3：會鑽進鑽出箱子、桌子或鑽籠，但需給予肢體之暗示催促
4：會獨立鑽進鑽出箱子、桌子或鑽籠

☐ 2.4.3 會跨上、跨下平衡木，並走平衡木 (走平衡木)
0：無活動能力或沒反應
1：在肢體協助下，只能跨上或跨下平衡木
2：在雙手攙扶下，會跨上、跨下平衡木，並走平衡木
3：牽單手時會跨上、跨下平衡木，並走平衡木
4：會獨立跨上、跨下平衡木，並走平衡木

☐ 2.4.4 會爬上溜滑梯，並溜下 (溜滑梯)
0：無活動能力或沒反應
1：抱至溜滑梯上，扶其身體時可溜下
2：抱至溜滑梯上，可溜下
3：在少許肢體協助下，會爬上溜滑梯，並溜下
4：會獨立爬上溜滑梯，並溜下

□ 2.4.5 會坐上鞦韆，並連續擺盪 (盪鞦韆)

　　0：無活動能力或沒反應

　　1：抱至鞦韆上，會用手扶住鞦韆繩，接受大人幫忙擺盪

　　2：抱至鞦韆上，會用手扶住鞦韆繩，並擺盪

　　3：在協助穩住鞦韆下，會坐上鞦韆，並連續擺盪

　　4：會獨立坐上鞦韆，並連續擺盪

□ 2.4.6 會連續跨越障礙物 (跨越障礙物)

　　0：無活動能力或沒反應

　　1：牽雙手可以跨越障礙物

　　2：牽單手可以跨越障礙物

　　3：會跨越障礙物，但速度慢，或動作異常

　　4：會連續獨立跨越障礙物

★騎腳踏車

□ 2.4.7 會上下腳踏車 (上下腳踏車)

　　0：完全無法站立或自由活動能力

　　1：在抱上或抱下腳踏車時，雙腿有分開動作

　　2：有手扶龍頭和嘗試跨腿動作，但無法跨上或跨下

　　3：協助穩住龍頭時，可以跨上或跨下腳踏車

　　4：會獨立完成上下腳踏車

□ 2.4.8 會獨立上下腳踏車，並騎動腳踏車，且可控制方向、
　　　　速度 (騎腳踏車)

　　0：將其抱在腳踏車上，只端坐車上，不會移動

　　1：坐在腳踏車上時，會用雙腿滑移方式移動腳踏車

　　2：有踩踏板動作但僅能用踩放、踩放方式，無法踩踏板1圈

　　3：會騎動腳踏車，但不會控制方向及速度，或上下腳踏車

　　4：會獨立上下腳踏車並騎動腳踏車，且可控制方向、速度

★ 球類活動

☐ 2.4.9 會邊走邊滾大球 (滾大球)

0：沒反應或無活動能力

1：在肢體協助下，能立定站，用雙手推動大球

2：在立定站狀況下，可以用雙手推動大球 1 下

3：會推一下球再走幾步，走幾步再推一下球

4：會邊走邊滾大球

☐ 2.4.10 會踢球至不同定點 (踢球)

0：沒反應或動作困難

1：在牽單手下，可以踢動一下球

2：在立定站狀況下，會踢一下球

3：會邊走邊踢球

4：會踢球至不同方向，並維持一段距離遠

☐ 2.4.11 會用雙手接球 (雙手接球)

0：沒反應或動作困難

1：在施測者扶住被測者雙手下，才可接球

2：會用雙手接住滾過來的球

3：會雙手接彈跳球

4：會正確用雙手接住丟過來的球

☐ 2.4.12 會單手過肩投球 (單手過肩投球)

0：沒反應或動作困難

1：會將球推滾出去

2：會用雙手將球向上拋出

3：會用雙手將球高舉過肩後丟出

4：會單手過肩投球

☐ 2.4.13 會與人丟接球，至少 3 次 　　　　　　　　　　　　　（丟接球）

0：會隨意丟球或動作困難

1：會對準方向丟球，但不會用手接球

2：會對準方向丟球，接球時用雙手併攏抱胸接球

3：會與人丟接球 1 次

4：會與人丟接球，至少 3 次

☐ 2.4.14 會連續單手拍球，至少 3 下 　　　　　　　　　　　　（連續拍球）

0：會隨意丟球或動作困難

1：會用雙手拍球 1 次

2：會用雙手連續拍球

3：會用單手拍球 1 下

4：會用單手連續拍球，至少 3 下

☐ 2.4.15 會雙腳、單腳玩跳格子遊戲 　　　　　　　　　　　（跳格子遊戲）

0：無法跳

1：會用雙腳開合方式跳格子

2：會單腳跳格子

3：會單腳、雙腳交替跳格子

4：會單腳、雙腳交替跳不同方向的格子（前跳、側跳及跳轉）

3.精細動作領域 ◇•◇•◇•◇•◇•◇•◇•◇•

❀ 3.1 抓放能力

☐ 3.1.1 看到有興趣的東西時，會伸手去碰觸　　　　　　　　　(伸手碰觸)

　　0：沒反應或動作困難

　　1：在肢體協助下，會伸手去碰觸

　　2：會伸手碰觸前方物品，但動作異常或不協調

　　3：會主動伸手去碰觸前方物品

　　4：會伸手去碰觸不同方向物品（前方、左方、右方）

★抓握技巧

☐ 3.1.2 能以手掌手指拿握物品　　　　　　　　　　　　　　(掌指抓握)

　　0：沒反應或動作困難

　　1：由施測者協助作抓握動作後，才會抓握

　　2：將物品放入手中，五指會彎曲將物品包起來

　　3：能用手指手掌抓握東西，但動作慢，或動作異常或不協調

　　4：能用手指手掌一起抓握東西

☐ 3.1.3 用大姆指與後四指相對抓握　　　　　　　　　　　　(對掌抓握)

　　0：沒反應或動作困難

　　1：使用後面四指抓握（沒有使用大姆指）

　　2：以大姆指與食指側邊碰觸夾取東西，而非大姆指與食指指尖相對抓握

　　3：在提示或示範下，會出現對掌抓握，或可以正確對掌抓握，但動作較慢

　　4：會正確完成

□ 3.1.4 用大姆指、食指、中指等三指撿取小物品 　　　　　　（三指取物）

0：沒反應或動作困難

1：使用後面四指或五指抓握

2：以前三指取物，但以大姆指與食指側邊碰觸夾取東西或食指翹起

3：會用前三指取物，但只能撿取 3 公分以上的大物品

4：會用前三指正確撿取小物品

□ 3.1.5 用姆指和食指撿取小物品 　　　　　　　　　　　　（兩指取物）

0：沒反應或動作困難

1：使用後面四指或五指抓握

2：以前兩指取物，但以大姆指與食指側邊碰觸夾取東西或食指翹起

3：會用前兩指取物，但速度慢，或需撿取多次才完成

4：會用前兩指正確撿取小物品

□ 3.1.6 會把手中物品放入指定地方（如：大人手中、盒子裡） 　　（放）

0：沒反應或動作困難

1：需帶著個案的手，在肢體協助下，可出現放的動作

2：無意識隨意亂丟，或手掌有部分打開嘗試放物品，但物品無法掉落

3：會把手中物品放在指定地方，但動作慢，或動作異常

4：會獨立完成

□ 3.1.7 會把一手物品交至另一手 　　　　　　　　　　　　　（換手）

0：沒反應或動作困難

1：雙手隨意在胸前互相把玩，或雙手拿玩具互敲

2：有換手動作，但東西會掉落

3：會主動換手，但動作反應慢，或動作異常或動作不協調

4：會獨立完成

□ 3.1.8 手會跨過身體到對側拿放物品，如：用右手拿身體
左側物品，或用左手拿身體右側物品 　　　　　　　(對側拿放)

0：沒反應或動作困難

1：在肢體協助下，雙手可以在身體中線靠合

2：雙手可以在身體中線（胸前）操作或雙手拿奶瓶

3：只有單手可伸至對側拿放物品（右手或左手），或可至對側拿放物
品，但反應慢，或動作異常或動作不協調

4：雙手均可跨過身體到對側拿放物品

❀ 3.2　操作能力

□ 3.2.1 會雙手推移椅子或物品 　　　　　　　　　　　　(推移)

0：沒反應或動作困難

1：會嘗試推的動作，但無法推動（並非物品太重）

2：會推移有輪子的東西

3：需施測者起動後，才能推動無輪子的物品

4：會獨立推移物品

□ 3.2.2 會搬動物品或端移物品 　　　　　　　　　　　(搬或端移)

0：沒反應或動作困難

1：會嘗試搬或端起的動作，但無法搬起，或馬上放掉（並非物品太重）

2：需施測者協助搬或端起動作，才能完成搬動或端移（並非物品太重）

3：會搬動物品或端移物品至定點，但中途會離手或掉落

4：會獨立搬動物品或端移物品

□ 3.2.3 會提取袋子或物品 　　　　　　　　　　　　　(提物)

0：沒反應或動作困難

1：會嘗試提的動作，但無法提起，或提起馬上掉落（並非物品太重）

2：需施測者協助提取動作，才能完成提物走至定點

3：會提取袋子或物品至定點，但中途會離手或掉落

4：會獨立提取袋子或物品至定點

☐ 3.2.4 會拉動物品或操作拉環玩具 (拉)

0：沒反應或動作困難

1：會嘗試拉的動作，但無法拉動，或拉了馬上放掉（並非太重）

2：在大人協助拿拉環玩具下，可以拉動拉環

3：會拉動物品，但中途會離手或掉落

4：會一手拿玩具、一手拉動拉繩來操作拉環玩具

☐ 3.2.5 會按壓開關或按鍵 (按壓開關)

0：沒反應或動作困難

1：在施測者肢體提示下，會作按的動作

2：會用手掌或多指按壓

3：會用單指按壓，但不會使力，如：無法打開或關電燈開關

4：能單指獨立操作開關或按鍵

☐ 3.2.6 可以插細插棒或不同形狀之插棒 (插棒)

0：沒反應或動作困難

1：在肢體協助下，才會將插棒插入洞洞板

2：能自行插粗的圓形插棒

3：能自行插不同形狀的粗插棒

4：會正確插進 5 個以上細插棒及不同形狀的粗插棒

☐ 3.2.7 會堆疊 5 塊積木（2.5 公分見方大小）或物品 (堆疊)

0：沒反應或動作困難

1：需施測者協助扶住手腕才會堆疊

2：會堆疊 2 塊積木或物品

3：會堆疊 3 塊積木或物品，雖不整齊，但不會倒

4：會整齊堆疊 5 塊積木或物品而不倒

☐ 3.2.8 會操作套接式玩具或物品 　　　　　　　　　　　　　（套接拔開）

0：沒反應或動作困難

1：在肢體協助下，會將套接玩具拔開（如：樂高）

2：會將套接玩具拔開（如：樂高），但不會套接

3：會套接玩具或物品，但套不準或需嘗試多次才可套入

4：會正確操作套接式玩具或物品

☐ 3.2.9 在作任何操作活動時，有良好的手眼協調 　　　　　（手眼協調）

0：動作困難或不會操作

1：有操作活動，但協調不好

2：只有少許活動或有興趣活動可有手眼協調能力之表現

3：熟悉的操作活動均可有良好的手眼協調，但對不熟悉的活動則協調不
　　佳

4：作任何操作活動時，都有良好的手眼協調

☐ 3.2.10 會用繩子串珠 　　　　　　　　　　　　　　　　　（串珠）

0：沒反應或動作困難

1：會用木棒串珠

2：會用繩子穿入珠子，但不會將繩頭拉出

3：會使用纏有膠帶的繩子串珠

4：會用任何繩子串珠

☐ 3.2.11 會一頁一頁翻書（厚書、薄書） 　　　　　　　　（一頁頁翻書）

0：沒反應或動作困難

1：有撥或翻的動作，但不是一頁一頁翻書

2：會一頁一頁翻厚書，但翻的動作不正確

3：會用大拇指及食指一次多頁翻書（薄書）

4：會用大拇指及食指一頁一頁翻書（薄書）

□ 3.2.12 會使用杓子或水瓢舀取物品（如：沙子、水），或
　　　　將其倒出於指定位置　　　　　　　　　　　　（使用杓瓢）

0：無法握住杓瓢

1：會握住杓瓢一段時間，但不會舀或倒

2：會舀起物品，但不會倒出，或不會舀可以倒出

3：會舀起、倒出，但動作不協調

4：會使用杓子或水瓢舀取物品，並倒出於指定位置，如：桶子或容器中

□ 3.2.13 會旋開及旋緊物品或瓶蓋　　　　　　　　　（旋開旋緊）

0：沒反應或動作困難

1：會用拔或壓的方式來打開或蓋上物品

2：會旋動物品或瓶蓋，但無法打開

3：會完成旋開或旋緊物品

4：會獨立完成旋開及旋緊物品或瓶蓋

□ 3.2.14 會擰乾毛巾或衣物　　　　　　　　　　　　（擰乾）

0：沒反應或動作困難

1：會用手擠壓一下

2：會連續作擠壓動作

3：會用雙手作擰毛巾動作，但擰不乾

4：會作連續擰乾毛巾或衣物之動作

□ 3.2.15 會剝開各式包裝紙或水果外皮　　　　　　　（剝開）

0：沒反應或動作困難

1：會試著剝開的動作，但打不開

2：由施測者將包裝紙或水果外皮剝開一半後，會自行完成

3：會剝開包裝紙至少兩種，或可撥開各式包裝紙，但姿勢不正確

4：會正確剝開各式包裝紙或水果外皮（至少4種），包括：扭轉式、鋸
　　齒狀、顆粒狀、盒狀等各種包裝紙

☐ 3.2.16 會打開各式繩結 (打開各式繩結)

0：沒反應或動作困難

1：會試著拉開繩結的動作，但打不開

2：由施測者將繩結拉鬆後，會自行打開

3：會打開繩結，但類別不多（至少 1 種），或會打開各式繩結，但姿勢不正確

4：會打開繩結至少 3 種（如：單結、套結及蝴蝶結等）

☐ 3.2.17 會撕開紙張 (撕紙)

0：沒反應或動作困難

1：會用扯的（兩手向左右將紙扯開）

2：需施測者撕開一小缺口之後，才能獨立完成

3：由施測者扶著被測者之手協助下，可撕開

4：會用兩隻手的手指握紙，並以兩手相反方向撕紙

☐ 3.2.18 會用小夾子夾取物品 (夾子夾物)

0：沒反應或動作困難

1：能單手做開合夾子的動作，但無法夾取物品

2：會使用大夾子夾物，但會中途掉落

3：會正確使用大夾子夾物至定點

4：會正確使用小夾子夾物至定點

☐ 3.2.19 會用單手連續撿取物品，並一個個放下 (掌指轉換技巧)

0：沒反應或動作困難

1：能單手依序拿取至少 2 個小物，但以一把方式放下

2：能將已在掌心中的小物，依序推至前兩指或前三指

3：能連續拿取至少 2 個小物移至掌心後，再依序推出一個個放下，但偶而會有掉落的情形

4：能一一拿取物品移至掌心後，再依序推出至指腹一個個放下，且不會中途掉落，至少 3 個

□ 3.2.20 會綁蝴蝶結　　　　　　　　　　　　　　　　　　(綁蝴蝶結)

0：沒反應或動作困難

1：只有拉起 2 個繩端之動作

2：會打 1 個單結

3：會綁蝴蝶結，但動作不協調，或綁得鬆鬆的

4：會綁蝴蝶結

❀ 3.3　簡單勞作及書寫技能

□ 3.3.1 會用積木作造型　　　　　　　　　　　　　　　　　(積木造型)

0：沒反應或動作困難

1：只會將積木亂丟或拿起放下，無操作技能

2：只會隨意堆疊或排列積木，且不整齊

3：會整齊堆疊 5 塊積木以上，並且有簡單造型

4：會堆疊複雜積木，並完成各種造型

□ 3.3.2 會用黏土作簡單造型　　　　　　　　　　　　　　(黏土造型)

0：沒反應或動作困難

1：只會將黏土亂丟或拿起放下，無操作技能

2：只會揉捏黏土

3：在示範或部分協助下，會揉捏黏土作簡單造型

4：會揉捏黏土，並且有簡單造型

□ 3.3.3 會對摺紙張　　　　　　　　　　　　　　　　　　(對摺紙張)

0：沒反應或動作困難

1：會將有摺痕的紙順摺痕對摺

2：會摺紙，但不會對齊

3：在記號協助下，會嘗試對齊摺紙

4：會對齊對摺紙張

☐ 3.3.4 會摺紙造型　　　　　　　　　　　　　　　　　　　　（摺紙造型）

　　0：沒反應或動作困難

　　1：能任意對摺紙張，但不整齊

　　2：能將紙整齊對折兩次

　　3：在示範或部分協助下，會摺紙造型

　　4：會摺紙作簡單造型

☐ 3.3.5 能用繩子依造型穿洞洞板，或會作簡單縫工技巧　　（簡單縫工）

　　0：沒反應或動作困難

　　1：有嘗試穿的動作，但穿不進

　　2：會用繩子穿洞洞板，但不會拉出，或協助拿著洞洞板時，才會作穿及
　　　拉出動作

　　3：能用繩子連續穿洞洞板，但不會依造型穿或自己拿布縫一針

　　4：能用繩子依造型穿洞洞板，或會連續縫

★ **畫圖技巧**

☐ 3.3.6 會塗鴉　　　　　　　　　　　　　　　　　　　　　　（塗鴉）

　　0：沒反應或動作困難

　　1：需施測者協助握筆之手塗鴉

　　2：只會用點或撇的方式

　　3：在模仿或口頭提示下，可主動塗鴉

　　4：能獨立完成

☐ 3.3.7 會仿畫∣、－、○、＋、□、／、＼、×、△　　（仿畫）

　　0：只會塗鴉

　　1：會仿畫 2 個

　　2：會仿畫 3 個

　　3：會仿畫 5 個

　　4：會仿畫 7 個以上

☐ 3.3.8 能作複雜圖形之著色 　　　　　　　　　　　　　　(著色)

　　0：沒反應或動作困難

　　1：只會塗鴉

　　2：會著色，但會塗到外面

　　3：能在大範圍內著色，且不超出範圍

　　4：能作複雜圖形之著色，且不超出範圍

☐ 3.3.9 會自己畫有造型或有主題的畫 　　　　　　　　　　(自己畫圖)

　　0：沒反應或動作困難

　　1：會以單一線條的方式塗鴉

　　2：能有 2 至 3 種以上線條，或符號的塗鴉方式

　　3：會用臨摹描繪方式畫，或以簡易線條畫出物品形體

　　4：會畫有造型或有主題的畫

★ 書寫技巧

☐ 3.3.10 會正確握筆 　　　　　　　　　　　　　　　　　(正確握筆)

　　0：沒反應或動作困難

　　1：用整個手掌握住筆（類似握拳方式）

　　2：在施測者把筆放入手中下，可正確握筆

　　3：在口頭提示或示範下，會自行修正握筆方式

　　4：會用前面三指或四指正確握筆

☐ 3.3.11 會用筆將點連成線，包括：橫線、直線、斜線 　　(將點連線)

　　0：沒反應或動作困難

　　1：只會塗鴉

　　2：會將 2 點連成一線，但線歪斜

　　3：會將數點連成一線，但線歪斜

　　4：會將數點連成橫線、直線、斜線及簡單圖形，且線不歪斜

☐ 3.3.12 會以正確筆順描寫簡單文字　　　　　　　　　　　　　（描寫）

　0：沒反應或動作困難

　1：會運筆走寬度為 1.5 公分以內的簡單線條中，且不超出範圍

　2：會運筆走各類迷宮，且不超出範圍

　3：會描寫簡單文字，但筆順不對或字歪斜

　4：會以正確筆順描寫簡單文字

☐ 3.3.13 會仿寫簡單文字（如：數字、簡單國字）　　　　　　（仿寫）

　0：只會塗鴉

　1：以分解動作的方式，可依筆順一筆一筆仿寫

　2：會一個字一個字仿寫

　3：可依呈現的文字仿寫簡單文字，但筆順不正確

　4：會以正確筆順仿寫簡單文字（如：數字、簡單國字）

☐ 3.3.14 會自己寫簡單文字，且筆順正確　　　　　　　　　　（自發性書寫）

　0：只會塗鴉

　1：會描寫簡單文字

　2：會仿寫簡單文字

　3：會自己寫簡單文字，但筆順不正確

　4：會以正確筆順寫簡單文字（如：數字、簡單國字）

★剪貼技巧

☐ 3.3.15 會用剪刀剪斷紙張或物品（剪 1 刀）　　　　　　　（剪斷物品）

　0：沒反應或動作困難

　1：協助套入剪刀後，能自行開合剪刀

　2：能自行套入剪刀，並作開合的動作

　3：會剪紙張或物品，但物品與剪刀面無垂直，所以剪不好或用扯的

　4：能正確用剪刀剪斷紙張或物品（剪 1 刀）

☐ 3.3.16 會用剪刀連續剪 (連續剪)

0：沒反應或動作困難

1：需施測者扶住被測者之手，並穩定紙張下可剪 1 刀

2：會用剪刀剪斷紙張或物品（剪 1 刀）

3：會用剪刀連續剪紙至少 2 刀，但紙與刀面無法垂直，所以偶而會剪不開

4：會用剪刀連續剪至少 4 刀

☐ 3.3.17 會沿線剪簡單圖形，包括：直線、曲線、方形及
圓弧形 (沿線剪)

0：沒反應或動作困難

1：會剪斷紙張（剪 1 刀）

2：會連續剪，但不會沿線剪

3：會沿線剪，只能剪直線或 1 種圖形

4：會沿線剪簡單圖形，包括：直線、曲線、方形及圓弧形

☐ 3.3.18 會撕下貼紙，並貼於指定位置 (撕貼貼紙)

0：沒反應或動作困難

1：需施測者挑起貼紙一角後，可以撕下貼紙

2：會自己撕下貼紙，但不會貼

3：會撕下貼紙貼於指定範圍

4：會撕下貼紙，且正確貼在一樣大小、形狀的圖樣上

☐ 3.3.19 會塗抹膠水，並獨立完成簡單剪貼 (簡單剪貼)

0：沒反應或動作困難

1：會將已剪好的紙張隨意貼於指定處，但不會使用膠水

2：給予剪好紙張或東西時，在塗抹膠水後會隨便貼

3：會塗抹膠水、剪或撕等技能，但貼得不正確

4：會塗抹膠水，並獨立完成簡單剪貼

4.生活自理領域 ◇·◆·◇·◆·◇·◆·◇·◆·◇·◆·

❀ 4.1 飲食

☐ 4.1.1 會吞嚥食物而不哽嗆　　　　　　　　　　　　　　(吞嚥能力)

　　0：使用鼻胃灌

　　1：吞嚥後常發生哽嗆

　　2：吞嚥流質常發生哽嗆，但稀飯或糊泥狀食物則不會

　　3：吞嚥後偶而發生哽嗆

　　4：正確吞嚥不會發生哽嗆

☐ 4.1.2 會嚼碎固體食物　　　　　　　　　　　　　　　　(咀嚼能力)

　　0：無法咀嚼固體食物，只能進食流質或泥狀食物

　　1：偶而出現上下咬動作

　　2：用上下咬方式咀嚼，偶而用旋轉方式咀嚼

　　3：用旋轉方式咀嚼，但只咬幾口就吞下

　　4：正確用旋轉方式咀嚼，並磨碎食物

☐ 4.1.3 會用手拿食物一口一口接著吃　　　　　　　　　　(以手進食)

　　0：完全依賴

　　1：有嘗試拿食物的動作，但無法拿起或馬上放掉

　　2：會拿食物放入口中，但中途會離手或掉落

　　3：會用手拿食物放入口中，但不會一口一口接著吃

　　4：會用手拿食物一口一口接著吃

☐ 4.1.4 會用手拿湯匙舀取食物進食　　　　　　　　　　（湯匙使用）

　　0：完全依賴

　　1：有嘗試拿湯匙的動作，但無法拿起或馬上放掉

　　2：會將湯匙中的食物送入口中，但不會舀

　　3：會用手拿湯匙舀取食物進食，但動作異常

　　4：會用手拿湯匙舀取食物，並連續進食

☐ 4.1.5 會用手拿叉子叉食物進食　　　　　　　　　　（叉子使用）

　　0：完全依賴

　　1：有嘗試拿叉子的動作，但無法拿起或馬上放掉

　　2：會將叉子上的食物送入口中，但不會叉

　　3：會用手拿叉子叉取食物進食，但動作異常

　　4：會用手拿叉子叉取食物，並連續進食

☐ 4.1.6 會自己進食，不需餵食　　　　　　　　　　（獨立進食）

　　0：完全依賴

　　1：被餵食時，會有配合張口動作

　　2：在肢體協助下，會自己進食

　　3：在不斷口頭提示下，會自己進食

　　4：會獨立自己進食

☐ 4.1.7 會用杯子喝水　　　　　　　　　　　　　　（杯子喝水）

　　0：只用奶瓶喝水

　　1：會用鴨嘴杯喝水，但水會自嘴角流出

　　2：會用鴨嘴杯喝水，且水不會滴灑

　　3：會用有蓋式練習杯喝水，且水不會滴灑

　　4：會用一般杯子喝水，且水不會滴灑

☐ 4.1.8 會自己倒水喝 (取水及喝水)

    0：完全依賴

    1：大人握杯時，會配合喝水

    2：會自己握杯喝水

    3：在口語提示下，會自己去倒水喝

    4：口渴會自己去倒水喝

☐ 4.1.9 會用吸管吸飲料 (吸管使用)

    0：無法使用

    1：有嘗試吸的動作，但無法吸起飲料

    2：可吸起部分飲料，但無法完全吸起，中途會掉落

    3：可用吸管吸飲料，但偶而有嗆到情形

    4：會自己用吸管吸飲料

☐ 4.1.10 用餐前會洗手、拿餐具和食物，並坐好 (餐前準備)

    0：完全依賴

    1：在大量肢體協助下，會配合洗手、拿餐具和食物，並坐好

    2：在一個一個指令提示下，才能完成部分準備

    3：在口頭提示下，會洗手、拿餐具和食物，並坐好

    4：用餐前會自己洗手、拿餐具和食物，並坐好

☐ 4.1.11 用餐後會自己作餐後收拾 (餐後收拾)

    0：完全依賴

    1：在大量肢體協助下，會作餐後收拾

    2：在一個一個指令提示下，才能完成部分收拾

    3：在口頭提示下，會完成餐後收拾

    4：用餐後會自己作餐後收拾

❀ 4.2 如廁

☐ 4.2.1 能在馬桶上小便　　　　　　　　　　　　　　　　(馬桶小便)

0：必須包尿布

1：可接受帶至馬桶上，但解不出

2：在大人陪同下，會於馬桶上小便

3：帶至馬桶後，會自己在馬桶上小便

4：在口頭提示下，會自己去馬桶小便，或能自行前去

☐ 4.2.2 能表示要小便　　　　　　　　　　　　　　　　　(小便表示)

0：必須包尿布

1：需定時提醒去小便

2：尿下去後才表示

3：能表示要小便，但偶而因沒表示而尿濕褲子

4：要小便會主動表示，且沒有失誤，或不示意，但能自行前去

☐ 4.2.3 會自己到廁所小便　　　　　　　　　　　　　　　(獨立小便)

0：必須包尿布

1：需帶至馬桶，並需大人陪同

2：帶至馬桶後，會小便不必陪同，便後需由大人查看，不會表示便完

3：在口頭提示下，才會自己去馬桶小便，便後會自行出來，或主動告知

4：會自己去馬桶小便，便後會自行出來，或主動告知

☐ 4.2.4 能表示要大便　　　　　　　　　　　　　　　　　(大便表示)

0：必須包尿布

1：不會表示，但要解大便時會停住不敢動

2：便下去後才表示

3：能表示要大便，但偶而因沒表示而拉在褲子

4：要大便會主動表示，且沒有失誤，或不示意，但能自行前去

□ 4.2.5 能在馬桶上大便，不隨便拉在褲子　　　　　　　(馬桶大便)

    0：必須包尿布

    1：可接受帶至馬桶上，但解不出

    2：在大人陪同下，會於馬桶上大便

    3：帶至馬桶後，會自己在馬桶上大便

    4：在口頭提示下，會自己去馬桶大便，或能自行前去

□ 4.2.6 會自己到廁所大便　　　　　　　　　　　　　(獨立大便)

    0：必須包尿布

    1：需帶至馬桶，並需大人陪同

    2：帶至馬桶後，會大便不必陪同，便後需由大人查看，不會表示便完

    3：在口頭提示下，會自己去馬桶大便，便完會主動告知

    4：會自己去馬桶大便，便完會主動告知

□ 4.2.7 會用適合自己性別的方式如廁　　　　　　　　(如廁方式)

    0：必須包尿布

    1：需大人抱著把尿或把大便

    2：在動作協助下，會用適合自己性別的方式如廁

    3：在口頭提示下，會用適合自己性別的方式如廁

    4：會用適合自己性別的方式如廁

□ 4.2.8 便後會自己用衛生紙擦拭　　　　　　　　　　(用衛生紙)

    0：必須包尿布

    1：會配合大人擦拭動作

    2：給衛生紙後會有擦拭動作，但無法擦拭乾淨

    3：給衛生紙後會擦拭

    4：會自己拿衛生紙擦拭，且擦拭乾淨

☐ 4.2.9 如廁後會自己沖水，並洗手 　　　　　　　　　　(如廁衛生)

　　0：完全依賴

　　1：在肢體協助下，才能完成一部分

　　2：在肢體協助下，會完成全部

　　3：在口頭提示下，會自己沖水，並洗手

　　4：如廁後會自己沖水，並洗手

❀ 4.3 清潔與衛生

☐ 4.3.1 會開關水龍頭 　　　　　　　　　　　　　　(開關龍頭)

　　0：完全依賴

　　1：會伸手去碰觸水龍頭，但無法開關

　　2：只會開不會關，或只會關不會開

　　3：會開關水龍頭，但動作費力或異常

　　4：能獨立完成

☐ 4.3.2 在告知洗手指示下，會正確洗手 　　　　　　(正確洗手)

　　0：完全依賴或排斥洗手

　　1：協助洗手時，會主動伸出雙手

　　2：會伸手在水龍頭下沖洗，但沒有互搓動作

　　3：有雙手互搓動作，但洗不乾淨

　　4：在告知洗手指示下，會正確洗手

☐ 4.3.3 手髒會自己去洗手 　　　　　　　　　　　　(自己洗手)

　　0：完全依賴或排斥洗手

　　1：需由大人帶去洗手，且需在旁督促

　　2：只需帶至洗手處，就會自己洗手

　　3：在口頭指示下，會去洗手

　　4：手髒會自己去洗手

☐ 4.3.4 會用毛巾或紙巾擦手、擦臉 　　　　　　　　　　　　(擦手臉)

　0：完全依賴或排斥擦手、擦臉

　1：大人用毛巾或紙巾擦手、擦臉時，有配合動作

　2：在口頭提示下，會用毛巾或紙巾擦手、擦臉

　3：會自己用毛巾或紙巾擦手、擦臉，但擦不乾淨

　4：會自己用毛巾或紙巾擦手、擦臉

☐ 4.3.5 臉髒會自己去洗臉 　　　　　　　　　　　　　　　(自己洗臉)

　0：完全依賴或排斥洗臉

　1：大人幫他洗臉時，會主動配合

　2：遞給毛巾後，就會自己去洗臉

　3：在口頭指示下，會去洗臉

　4：臉髒會自己去洗臉

☐ 4.3.6 會用牙刷刷牙 　　　　　　　　　　　　　　　　　(刷牙)

　0：完全依賴或排斥刷牙

　1：大人幫他刷牙時，會主動配合

　2：會用手拿牙刷放入口中，但沒有刷牙動作

　3：會用牙刷刷牙，但刷不好

　4：會正確用牙刷刷牙

☐ 4.3.7 會漱口 　　　　　　　　　　　　　　　　　　　　(漱口)

　0：完全不會或排斥漱口

　1：大人拿杯子靠近嘴巴時，會張開嘴巴

　2：會自己拿水漱，但會把水吞下

　3：會把水吐出，但不會含水漱口

　4：會正確漱口

☐ 4.3.8 會擠牙膏於牙刷上 (擠牙膏)

0：完全依賴

1：大人幫他擠牙膏時，會配合拿著牙刷

2：大人擠出牙膏時，會主動用牙刷去取下牙膏

3：會一手拿牙膏一手拿牙刷互碰，但擠不出牙膏

4：會一手拿牙膏一手拿牙刷，正確擠出牙膏

☐ 4.3.9 會用梳子梳頭髮 (梳頭髮)

0：被梳頭時，無法穩住頭部，或排斥梳頭

1：被梳頭時，可穩住頭部，或不排斥梳頭

2：在肢體協助下，會拿梳子梳頭

3：有梳頭髮動作，但梳不好，或梳子拿反

4：會用梳子梳頭髮

☐ 4.3.10 洗澡和擦乾身體時，會配合 (配合洗澡)

0：完全依賴或排斥

1：大人幫忙洗澡時，會配合穩定軀幹

2：大人幫忙洗澡時，在動作協助下，會配合舉手、轉身

3：大人幫忙洗澡時，告知舉手、轉身時，均會配合

4：洗澡、擦乾身體時，均會主動配合

☐ 4.3.11 會自己洗澡 (自己洗澡)

0：完全依賴或排斥洗澡

1：大人幫忙洗澡時，會配合

2：在部分肢體協助下，會自己洗澡

3：在口頭提示下，會自己洗澡，但洗不乾淨

4：會自己洗澡

□ 4.3.12 洗頭髮時，願意配合 (配合洗髮)

0：被洗頭時，無法穩住頭部，或閃躲洗頭

1：被洗頭時，可穩住頭部，但排斥洗頭

2：會哭著洗完頭

3：可接受大人幫他洗頭

4：洗頭時可配合，有時會有幫忙洗的動作

□ 4.3.13 大人拿衛生紙時，會配合擤鼻涕 (配合擤鼻涕)

0：完全不會配合，必須大人幫忙吸出

1：大人拿衛生紙靠近鼻子時，不排斥，但沒有擤的動作

2：大人拿衛生紙靠近鼻子時，會嘗試擤的動作，但動作不正確

3：大人拿衛生紙靠近鼻子時，會擤出鼻涕，但力量不足

4：大人幫忙拿衛生紙時，會正確擤出鼻涕

□ 4.3.14 會自己擤鼻涕或擦鼻涕 (擦鼻涕)

0：完全依賴或排斥

1：大人幫忙拿衛生紙時，會配合擤出鼻涕或擦鼻涕

2：給予衛生紙後，會自己擤鼻涕或擦鼻涕

3：在口頭提示下，會自己拿衛生紙擤鼻涕或擦鼻涕

4：流鼻涕時，會自己擤鼻涕或擦鼻涕

□ 4.3.15 有好的衛生習慣，每天洗臉、刷牙、洗澡 (衛生習慣)

0：須依賴或強迫

1：在肢體協助下，會配合洗臉、刷牙、洗澡

2：在口頭提示下，會每天洗臉、刷牙、洗澡

3：每天會自己洗臉、刷牙、洗澡，但洗不乾淨

4：有好的衛生習慣，每天洗臉、刷牙、洗澡

❁ 4.4 穿著

☐ 4.4.1 會脫下無鞋帶的鞋子　　　　　　　　　　　　　　　　　　(脫鞋)

　　0：完全依賴

　　1：大人幫忙脫鞋子時，會配合伸出腳

　　2：協助脫下鞋子後跟部分後，會自己拉下鞋子

　　3：會自己脫下無鞋帶的鞋子，但動作緩慢或異常

　　4：會自己脫下無鞋帶的鞋子

☐ 4.4.2 會穿上無鞋帶的鞋子　　　　　　　　　　　　　　　　　　(穿鞋)

　　0：完全依賴

　　1：大人幫忙穿鞋子時，會配合伸出腳

　　2：協助將鞋子套在腳上後，會自己拉上鞋子

　　3：會自己穿上無鞋帶的鞋子，但動作緩慢或異常

　　4：會自己穿上無鞋帶的鞋子

☐ 4.4.3 會自己解開黏扣帶，並脫下鞋子　　　　　　　　　　　(解開黏扣帶)

　　0：完全依賴

　　1：大人幫忙脫鞋子時，會配合伸出腳

　　2：協助解開黏扣帶後，會自己拉下鞋子，或會解開黏扣帶，但不會脫下
　　　　鞋子

　　3：會自己解開黏扣帶，並脫下鞋子，但動作緩慢或異常

　　4：會自己解開黏扣帶，並脫下鞋子

☐ 4.4.4 會自己穿上鞋子，並黏好黏扣帶　　　　　　　　　　(黏好黏扣帶)

　　0：完全依賴

　　1：大人幫忙穿鞋子時，會配合伸出腳

　　2：協助將鞋子穿上後，會自己黏好黏扣帶

　　3：會自己穿上鞋子，並黏好黏扣帶，但動作緩慢或異常

　　4：會自己穿上鞋子，並黏好黏扣帶

☐ 4.4.5 會脫下襪子　　　　　　　　　　　　　　　　　　　　(脫襪子)

0：完全依賴

1：大人幫忙脫襪子時，會配合伸出腳

2：協助將襪子拉至腳踝下後，會自己拉下襪子

3：會自己脫襪子，但是用拉的，或動作緩慢、異常

4：會用大姆指伸入襪口把襪子脫下

☐ 4.4.6 會脫下鬆緊帶褲子　　　　　　　　　　　　　　　　　(脫褲子)

0：完全依賴

1：大人幫忙拉下褲子、扶著褲管時，會自己把腳自褲管伸出

2：會脫下鬆緊帶褲子，但不會把腳自褲管伸出

3：會脫下鬆緊帶褲子，但褲子脫下時成反面，或用踩踏方式把腳自褲管
　　伸出

4：會用大姆指伸入褲頭拉下褲子後，用手抽拉褲管底端，正確脫下褲
　　子

☐ 4.4.7 會穿上鬆緊帶褲子　　　　　　　　　　　　　　　　　(穿褲子)

0：完全依賴

1：大人幫忙拉開褲頭時，會自己把腳伸入褲管

2：大人幫忙拉開褲頭時，會自己把腳伸入褲管，並拉上褲子

3：會自己穿上鬆緊帶褲子，但穿不整齊，或動作緩慢、異常

4：會正確且整齊穿好鬆緊帶褲子

☐ 4.4.8 會正確脫外套　　　　　　　　　　　　　　　　　　　(脫外套)

0：完全依賴

1：大人幫忙拉下外套時，會配合把手自袖管抽出

2：會將外套脫至肩處，但不會拉出袖管

3：協助解開扣子或拉下拉鍊後，會自己脫下外套

4：會自己解開扣子或拉下拉鍊，並脫下外套

☐ 4.4.9 會正確脫套頭衣服 　　　　　　　　　　　　　　(脫套頭衣)

0：完全依賴

1：大人幫忙脫套頭衣服時，會配合把頭、手自衣服中拉出

2：有脫套頭衣服動作，但無法完全脫下

3：會脫套頭衣服，但衣服脫下是反面，或動作緩慢、異常

4：會正確脫套頭衣服

☐ 4.4.10 會正確穿套頭衣服 　　　　　　　　　　　　　(穿套頭衣)

0：完全依賴

1：大人幫忙穿套頭衣服時，會配合把頭、手自衣服中伸出

2：有穿套頭衣服動作，但無法完全穿上

3：會穿套頭衣服，但穿不整齊或穿反

4：會正確穿套頭衣服

☐ 4.4.11 會正確穿襪子 　　　　　　　　　　　　　　　(穿襪子)

0：完全依賴

1：大人幫忙穿襪子時，會配合伸出腳

2：協助將襪子套上後，會自己拉上襪子

3：會自己穿襪子，但動作緩慢、異常或穿反

4：會用大姆指伸入襪口正確穿上襪子

☐ 4.4.12 會解開自己身上的各種扣子 　　　　　　　　　(解扣子)

0：完全依賴

1：會將扣子穿出扣洞

2：會解開自己身上的大扣子，但不會全部解完，或動作緩慢、異常

3：會解開自己身上的大扣子

4：會解開自己身上的各種扣子

☐ 4.4.13 會正確穿外套 (穿外套)

0：完全依賴

1：大人幫忙穿上外套時，會配合把手伸入袖管

2：會穿上一邊，不會兩手均套入袖管

3：會自己穿外套，但需協助扣扣子或拉拉鍊

4：會自己穿外套，並自己扣扣子或拉拉鍊

☐ 4.4.14 會扣上自己身上的各種扣子 (扣扣子)

0：完全依賴

1：會將扣子套入扣洞

2：會扣上自己身上的大扣子，但不會全部扣完，或動作緩慢、異常

3：會扣上自己身上的大扣子

4：會扣上自己身上的各種扣子

☐ 4.4.15 會拉下拉鍊，並解開拉鍊頭 (拉下拉鍊)

0：完全依賴

1：有拉扯衣服動作，但不會拉下拉鍊

2：會拉下拉鍊，但需大人幫忙解開拉鍊頭

3：會拉下拉鍊，並解開拉鍊頭，但動作緩慢、異常

4：會拉下拉鍊，並解開拉鍊頭

☐ 4.4.16 會套上拉鍊頭，並拉上拉鍊 (拉上拉鍊)

0：完全依賴

1：有嘗試套的動作，但無法套入拉鍊頭

2：大人幫忙套上拉鍊頭後，會自己拉上拉鍊

3：會套上拉鍊頭，並拉上拉鍊，但動作緩慢、異常

4：會套上拉鍊頭，並拉上拉鍊

5.語言溝通領域 ◇•◇•◇•◇•◇•◇•◇•

❀ 5.1 言語機轉

☐ 5.1.1 有規律地呼吸　　　　　　　　　　　　　　　　　(呼吸)
　0：使用氧氣或呼吸器等呼吸
　1：呼吸費力，且不規則
　2：呼吸不費力，但短促
　3：呼吸規則，但方式不正確（鎖骨式呼吸或用口呼吸）
　4：有規律地呼吸，且速度正常

☐ 5.1.2 具發聲能力，如：哭、尖叫、笑出聲　　　　　　　(發聲)
　0：會哭、笑，但聲音微弱
　1：哭時會出現發酣現象或換氣短促
　2：會哭、笑，但聲音短促不超過 5 秒
　3：會哭、笑，但聲音缺乏變化
　4：具哭、尖叫、笑出聲之發聲能力，且有變化

☐ 5.1.3 大部分時間雙唇可維持閉合　　　　　　　　　　(雙唇閉合)
　0：大人用手協助閉唇時，仍沒有閉唇動作
　1：大人用手協助閉唇時，可產生閉唇動作，但一下子又張開
　2：在口頭提示下，可以自己閉唇
　3：會抿或作 Kiss 動作，但常常雙唇沒有維持閉合
　4：大部分時間雙唇可維持閉合

□ 5.1.4 舌頭可作上下、左右及舔唇的動作　　　　　　　　（舌頭活動）

0：舌頭活動困難

1：舌頭只有前後動，會將食物推出，或有舌外突情形

2：用食物或東西碰觸嘴巴左右上下位置，偶而可誘發舌頭上下或左右動

3：進食中，舌頭可作上下、左右動（會把食物送至臼齒上）

4：舌頭在模仿或自主性動作下，可作上下、左右動及舔唇的動作

□ 5.1.5 會張口、閉口　　　　　　　　　　　　　　　（張口閉口）

0：張口、閉口費力或有困難

1：在用手協助下，會出現張口、閉口動作

2：在模仿下，會出現張口、閉口動作

3：會張口、閉口，但動作不正確，如：動作歪斜

4：可正確作出張口、閉口動作

□ 5.1.6 會吹動紙張或乒乓球　　　　　　　　　　　　　　（吹）

0：無法作或沒反應

1：捏住鼻子下，可吹 1 秒

2：不必協助可吹動紙片 1 秒（用短而快的氣流吹）

3：不必協助可吹動紙片 2 至 3 秒

4：可吹動紙片或乒乓球 5 秒（用慢而長的氣流吹）

□ 5.1.7 不會流口水　　　　　　　　　　　　　　　（流口水控制）

0：隨時都在流口水

1：經常流口水，但用手協助下，偶而可產生吞口水動作

2：在口頭提示下，會吞口水

3：只有在專注時，偶而會流口水

4：任何時候都不會流口水

❋ 5.2 語言理解

★ 非口語理解

☐ 5.2.1 對自己的名字有正確反應　　　　　　　　　　　　　(名字反應)

0：沒反應

1：4 次中有 1 次正確反應

2：2 次中有 1 次正確反應

3：重複叫 1 至 2 次時，會正確反應，或偶而沒有反應

4：每次均可正確反應

☐ 5.2.2 聽到「不可以」、「不要」等禁止語氣，會停止
　　　　正在作的事　　　　　　　　　　　　　　　　(聽懂語氣)

0：完全不理會或沒反應

1：須以明顯或強制動作制止下，才會停止

2：稍加動作制止下，會停止

3：加強語氣或重複叫 1 至 2 次時，可停止

4：每次均可正確停止

☐ 5.2.3 在情境下或手勢動作暗示下，可以聽懂常用的簡
　　　　單指令，如：過來、給、坐下、拿等　　　　(情境下理解)

0：沒反應

1：4 次中有 1 次正確反應

2：2 次中有 1 次正確反應

3：重複指示 1 至 2 次時，會正確反應，或偶而沒有反應

4：每次均可正確反應

★ 語彙理解

□ 5.2.4 在沒有手勢動作暗示下，可以聽懂 5 個熟悉的稱
謂（如：媽媽、爸爸、阿嬤、阿公、哥哥）　　　　（人稱詞理解）
0：沒反應或錯誤反應
1：在手勢暗示下，有反應
2：至少能理解 2 個人稱詞
3：可理解 3 至 5 個人稱詞
4：能理解 5 個以上人稱詞

□ 5.2.5 在沒有手勢動作暗示下，可以聽懂「喝、走、坐
下、開、站起來」等動作指令，至少 5 個　　　　（動作詞理解）
0：沒反應或錯誤反應
1：在手勢暗示下，有反應
2：至少能理解 2 個動作詞
3：可理解 3 至 5 個動作詞
4：能理解 5 個以上動作詞

□ 5.2.6 聽到常見物品名稱時，會正確指出該物品，至少 20 個(名稱詞理解)
0：沒反應或錯誤反應
1：只理解 1 至 5 個語彙左右
2：理解 6 至 10 個語彙左右
3：理解語彙量多，但需重複說 1 至 2 次時，才正確反應
4：每次均可正確反應

☐ 5.2.7 能正確反應身體部位的名稱（如：耳朵、鼻子、
頭、眼睛、手），至少 10 個　　　　　（身體部位名稱理解）

0：沒反應或錯誤反應

1：在手勢暗示下，有反應，或只理解 1 至 2 個

2：可理解 3 至 5 個身體部位名稱

3：可理解 6 至 8 個身體部位名稱

4：能理解 10 個以上身體部位名稱

☐ 5.2.8 大人說：「把東西給你、給我、給他」時，可正
確理解你、我、他　　　　　　　　　　　（代名詞理解）

0：沒反應或錯誤反應

1：在手勢暗示下，有反應

2：只了解你、我、他之其中 1 個

3：能了解你、我、他之其中 2 個

4：每次均可正確反應

☐ 5.2.9 了解空間名稱（如：上面、下面、裡面、外面、
前面、後面），至少 5 個　　　　　　　　（空間詞理解）

0：沒反應或錯誤反應

1：在手勢暗示下，有反應

2：至少能理解 2 個空間詞

3：可理解 3 至 5 個空間詞

4：能理解 5 個以上空間詞

☐ 5.2.10 了解一般形容詞，如：漂亮、長長的、生氣　　（了解形容詞）

0：沒反應或錯誤反應

1：在手勢暗示下，有反應，或只理解 1 至 2 個形容詞

2：至少能理解 3 至 5 個形容詞

3：可理解 6 至 8 個形容詞

4：能理解 10 個以上形容詞

★ 簡單句理解

☐　5.2.11 說出物品功能或特徵時，會正確指出該物品，至
　　　　　少 10 個，如：問「喝水用的東西」時，會指出「
　　　　　茶杯」　　　　　　　　　　　　　　　　　　　　　　（功能性指認）

　　　0：沒反應或錯誤反應

　　　1：能作 1 至 2 個功能性指認

　　　2：能作 3 至 5 個功能性指認

　　　3：能作 6 至 8 個功能性指認

　　　4：能作 10 個以上功能性指認

☐　5.2.12 能正確反應「主詞+動詞+受詞」的直述句句型，
　　　　　如：「爸爸開汽車」、「小狗在睡覺」等句子，
　　　　　至少 10 句　　　　　　　　　　　　　　　　　　　（直述句理解）

　　　0：沒反應或錯誤反應

　　　1：能理解 1 至 2 個直述句

　　　2：能理解 3 至 5 個直述句

　　　3：能理解 6 至 8 個直述句

　　　4：能理解 10 個直述句以上

☐　5.2.13 對「誰、是什麼、什麼時候、為什麼、怎麼樣、
　　　　　哪裡」等問句，有正確反應　　　　　　　　　　　（問句理解）

　　　0：沒反應或錯誤反應

　　　1：能理解 1 種問句

　　　2：能理解 2 種問句（如：誰？做什麼？）

　　　3：能理解 4 種問句（如：誰？做什麼？哪裡？是什麼？）

　　　4：能理解 5 種問句以上（如：誰？是什麼？做什麼？什麼時候？在哪
　　　　　裡？）

□ 5.2.14 能理解包含「沒有」、「不要」、「不會」等否
定詞的句子，如：「媽媽不要吃香蕉」、「哥哥
沒有哭」等 (否定句理解)

0：沒反應或錯誤反應

1：在「搖手或搖頭」的動作暗示下，才能反應否定句

2：不需暗示，可理解 1 種否定句

3：可理解 2 種否定句

4：能理解 3 種否定句以上

★ 複雜句理解

□ 5.2.15 能理解含有形容詞的句子，如：說「你拿紅紅的
水果」，會從「蘋果、香蕉、橘子」中挑出「蘋
果」 (理解含形容詞句子)

0：沒反應

1：有反應，但為錯誤反應，或在動作暗示下才理解

2：需說出物品名稱才能正確反應，如：「紅紅的蘋果」

3：可以理解含有形容詞的句子，但是句子量不足

4：可以理解至少 10 個含有形容詞的句子

□ 5.2.16 能理解含有空間詞的句子，如：在椅子上面及下
面都放有汽車，對小孩說：「你拿椅子下面的汽
車」，會正確拿椅子下面的汽車 (理解含空間詞句子)

0：沒反應

1：有反應，但為錯誤反應，或在動作暗示下才理解

2：只能理解 1 至 2 個含有空間詞的句子，如：含「上面、下面」的句子

3：可以理解 3 至 4 個含有空間詞的句子，如：含「上面、下面、前面、
後面」的句子

4：可以理解至少 5 個以上含有空間詞的句子

□ 5.2.17 能理解「要～不要～」和「不要～要～」的句
子，如：「你拿蘋果，不要拿香蕉」　　　　　(對比句理解)
0：沒反應
1：有反應，但為錯誤反應，或在動作暗示下才理解
2：理解「要～不要～」、「不要～要～」句子中的其中1種
3：可以正確反應「要～不要～」和「不要～要～」的句子，但反應較慢
4：可以正確反應「要～不要～」和「不要～要～」的句子

□ 5.2.18 能聽懂兩個指令：「拿__和__」的句型　　　　(複合直述句理解)
0：沒反應或錯誤反應
1：在動作暗示下，可理解「拿__和__」中之其中1個指令
2：不需暗示可理解「拿__和__」中之其中1個指令
3：需重複說1至2次時，才正確反應「拿__和__」
4：每次均可正確反應

□ 5.2.19 能聽懂兩個指令：「先__，再__」的句型　　　　(複合句理解)
0：沒反應或錯誤反應
1：在動作暗示下，可正確反應「先__，再__」中之其中1個
2：可正確反應「先__，再__」中之其中1個
3：會反應「先__，再__」之兩個指令，但順序錯誤
4：每次均可正確反應

□ 5.2.20 能聽懂較複雜句子，如：三個指令「拿……、……
和……」　　　　　　　　　　　　　　　　(複雜句理解)
0：沒反應或錯誤反應
1：可以聽懂其中1個指令
2：可以聽懂其中2個指令
3：重複說1至2次時，可正確反應
4：每次均可正確反應

★敘述性語言理解

☐ 5.2.21 從聽懂一整段話（至少 3 個指令以上），如：

「幫老師去隔壁班教室找陳老師借彩色筆和圖畫

紙」 (聽懂敘述性語言)

0：沒反應

1：在圖片呈現、動作暗示或情境下，才能反應整段話的部分或 1 個指令

2：在圖片呈現、動作暗示或情境下，可反應整段話

3：需重複解說 1 至 2 次時，可聽懂一段話

4：只需用說的就聽懂一整段話

☐ 5.2.22 能聽懂簡單故事 (聽懂故事)

0：沒反應

1：在圖片、表演或動作指示下，可理解故事中的部分情節

2：在圖片、表演或動作指示下，可理解故事的情節

3：需重複解說 1 至 2 次時，可聽懂簡單故事

4：只需用說的就能聽懂簡單故事，並可回應故事內容

☐ 5.2.23 可以理解生活中的暗示用語或較難的語句，如：

「你可真是聰明到極點了！」來作反向暗示 (聽懂暗示性用語)

0：無法理解

1：

2：只能理解直接的敘述

3：

4：可以理解生活中的暗示用語或較難的語句

註：本題係以「0」、「2」、「4」三級計分

❀ 5.3 口語表達

★ 聲音表達

☐ 5.3.1 被逗弄時，會以笑聲及其他愉快的聲音作回應　　　　（聲音回應）

0：沒反應

1：需大量逗弄，才偶而有 1 次反應

2：在逗弄下，可以有 50% 的回應

3：可以有回應，但不是以聲音回應

4：每次均可以用聲音立即回應

☐ 5.3.2 可以用聲音表示需求或幫忙　　　　　　　　　（聲音表示需求）

0：沒反應或無法表示

1：偶而會以動作、表情或目視表示，但無法用聲音

2：會以動作與少許聲音表示需求或幫忙

3：可以用聲音表示需求或幫忙，但無法用不同聲音表示不同需求或幫忙

4：每次均可用不同聲音表示不同需求或幫忙

☐ 5.3.3 可以用聲音表示情緒（如：生氣、高興）　　　　（聲音表示情緒）

0：沒反應或無法表示

1：只有用哭表示

2：偶而會以動作與少許聲音表示情緒

3：可以用聲音表示情緒，但聲音變化少

4：每次均可用不同聲音表示不同情緒

□ 5.3.4 經常發出重複一連串聲音（如：牙牙學語聲音） （牙牙學語）

0：沒反應

1：偶而有發出一些聲音，但聲音單調沒有變化

2：經常發出一些聲音，但聲音單調沒有變化

3：在逗弄下，會發出重複一連串不同聲音

4：會自己發出重複一連串聲音，且聲音有變化

□ 5.3.5 會以特定的聲音表示特定的事物，如：以「叭！

叭！」代表汽車，「汪！汪！」代表狗等 （使用擬聲詞）

0：沒反應或無口語能力

1：在模仿下，可仿 1 至 2 個擬聲詞

2：在模仿下，可仿 5 個擬聲詞

3：可用擬聲詞表示特定的事物，但聲音不清

4：可用擬聲詞表示特定的事物，且量多

★ 語彙表達

□ 5.3.6 會以「好」、「不好」（要、不要／是、不是）

回答問題 （回答是／不是）

0：沒反應或無口語能力

1：會以動作正確表示「好」、「不好」（要、不要／是、不是）

2：會以仿說方式回應「好」、「不好」（要、不要／是、不是）

3：在動作暗示下，可正確說「好」、「不好」（要、不要／是、不是）

4：會以「好」、「不好」（要、不要／是、不是）回答問題

□ 5.3.7 會仿說語彙 （仿說語彙）

0：沒反應或無口語能力

1：需重複多次才可仿說雙字詞其中 1 個字，如：「衣服」說成「服」

2：不需重複即可仿說雙字詞其中 1 個字，如：「衣服」說成「服」

3：可自動仿說語彙，但發音錯誤，如：「衣服」說成「衣補」

4：每次均可正確仿說

□ 5.3.8 可以用 5 個熟悉的稱謂（如：媽媽、爸爸、阿嬤、
　　　阿公、哥哥）叫人　　　　　　　　　　　　（人稱詞使用）

0：沒反應或無口語能力

1：可以自己說出稱謂其中 1 個字，如：「阿公」說成「公」

2：可以用人稱詞叫人，但語彙量少於 2 個

3：可以用人稱詞叫人，但發音錯誤

4：可以用人稱詞叫人，至少 5 個

□ 5.3.9 可以說出物品名稱，至少 20 個　　　　　　（名稱詞使用）

0：沒反應或無口語能力

1：可自己說出物品名稱其中 1 個字，如：「衣服」說成「服」

2：可以自己說出物品名稱，但語彙量少於 10 個

3：可以自己說出物品名稱，但發音錯誤

4：可以自己說出物品名稱，至少 20 個

□ 5.3.10 可以用動作詞表示意思，如：「喝、走、坐下、
　　　開、吃、幫忙」，至少 5 個　　　　　　　（動作詞使用）

0：沒反應或無口語能力

1：需要用仿說方式才可說

2：可以用動作詞表示意思，但語彙量少於 2 個

3：可以用動作詞表示意思，但發音錯誤

4：可以用動作詞表示意思，至少 5 個

□ 5.3.11 會用自己名字或乳名來稱自己　　　　　　（說出名字）

0：沒反應或無口語能力

1：會用手指自己

2：只可說出名字中之 1 個字，或可仿說全名

3：可自動說出自己名字，但發音錯誤

4：每次均可正確說出

□ 5.3.12 會用你、我、他等代名詞來稱自己或別人　　　　　　（代名詞使用）

0：沒反應或無口語能力

1：會用手指出「你、我」，不會說出

2：會自己說「你、我、他」之其一

3：可自動說，但有代名詞反轉現象，如：「我要喝水」說成「你要喝水」

4：可正確使用你、我、他等代名詞來稱自己或別人

★ 簡單句表達

□ 5.3.13 會使用「主詞+動詞」、「動詞+受詞」或「主詞+受詞」的片語表示，如：「狗狗吃」、「玩積木」、「爸爸車車」　　　　　　（片語使用）

0：沒反應或無口語能力

1：只能用單一語彙，如：「狗狗」、「積木」

2：會用仿說片語，如：「狗狗吃」、「玩積木」

3：可以用片語表示，如：「狗狗壞」、「玩積木」，但發音錯誤，或是片語量少

4：可正確使用片語，且量多

□ 5.3.14 會仿說「主詞+動詞+受詞」之簡單直述句（如：哥哥拿餅乾）　　　　　　（仿說簡單句）

0：沒反應或無口語能力

1：僅仿說其中 1 個詞，如：「爸爸穿衣服」說成「衣服」

2：可仿說其中 2 個詞，如：「爸爸穿衣服」說成「穿衣服」

3：可完整仿說，但發音錯誤

4：每次均可正確仿說

☐ 5.3.15 至少能使用 10 句以上完整簡單句表達（如：哥
哥吃餅乾、爸爸開汽車） (直述句表達)

0：沒反應或無口語能力

1：只能用單一語彙表達

2：能用片語表達

3：可以用完整簡單句表達，但少於 10 句

4：至少能使用 10 句以上完整簡單句表達

☐ 5.3.16 會問「誰、是什麼、什麼時候、為什麼、怎麼
樣、哪裡」等問題 (問句表達)

0：沒反應或無口語能力

1：只能用 1 種問句問或不完整句，如：是什麼

2：能用 2 種型式問句問，如：是什麼、哪裡

3：能用 3 種型式問句問，如：是什麼、哪裡、誰

4：可正確使用各種問句

☐ 5.3.17 會說「這不是……」、「沒有……」或「不可
以……」來表示否定 (否定句表達)

0：沒反應或無口語能力

1：只能用單一語彙來表示否定，如：沒有、不是

2：會用不完整句或片語來表示否定，如：「爸爸沒有來」說成「沒來」

3：可以用完整否定句表達，但發音錯誤，或句子量少

4：可正確使用否定句，且句子量多

★ 複雜句表達

□ 5.3.18 會仿說含形容詞、空間詞或連接詞的複雜句（如：
　　　　哥哥吃冰箱裡的餅乾）　　　　　　　　　　（仿說複雜句）
　　0：沒反應或無口語能力
　　1：僅仿說語彙或片語，如：「哥哥吃冰箱裡的餅乾」說成「吃餅乾」
　　2：可仿說，但不完整，如：「哥哥吃冰箱裡的餅乾」說成「哥哥冰箱餅乾」
　　3：可完整仿說，但發音錯誤
　　4：每次均可正確仿說

□ 5.3.19 會使用含有形容詞的句子，如：說「我吃紅紅的草莓」　　　　　　　　　　　　　　　　（使用含形容詞句子）
　　0：沒反應或無口語能力
　　1：只能用單一語彙表達
　　2：能用形容詞與受詞方式表達，如：「紅紅的草莓」
　　3：可以使用含有形容詞的句子表達，但句子量少，或發音不清
　　4：會使用含有形容詞的句子表達，且句子量多

□ 5.3.20 會說出有連接詞的句子（如：……和……，因為……，所以……），如：我吃餅乾和蛋糕　　　　（複合句表達）
　　0：沒反應或無口語能力
　　1：只能用語彙表達
　　2：可以用簡單句表達（如：我吃餅乾）
　　3：會使用有連接詞的句子，但發音不清，或句子量少
　　4：可正確使用複合句表示，且量多

☐ 5.3.21 會使用含 3 個指令的複雜句子表示，如：「我
　　　　吃薯條、漢堡和可樂」、「媽媽，弟弟亂丟玩
　　　　具都不收玩具」　　　　　　　　　　　　　(複雜句表達)

　　0：沒反應或無口語能力

　　1：只能用語彙表達

　　2：可以用簡單句表達（如：我吃漢堡）

　　3：會使用複雜句，但發音不清，或句子量少

　　4：可正確使用複雜句表示，且量多

★語言精熟度

☐ 5.3.22 發音清楚，構音正確　　　　　　　　　　　(構音正確)

　　0：無口語能力

　　1：說話時，聲母（21 個）、韻母（16 個）及結合韻均有錯誤，無法令
　　　　人了解（構音正確率在 25% 以下）

　　2：只有聲母有構音錯誤（構音正確率在 25% 至 50%）

　　3：少許聲母有構音錯誤（構音正確率在 75%）

　　4：發音清楚，構音正確

☐ 5.3.23 能看圖說出熟悉的故事　　　　　　　　　　(看圖說故事)

　　0：沒反應或無口語能力

　　1：問故事內容時，可以用手指出圖片內容

　　2：問故事內容時，可以用語彙或不完整句回答

　　3：可以用完整句說出熟悉的故事，但內容不完整，或情節跳脫

　　4：可以正確用完整句說出熟悉的故事

☐ 5.3.24 會用直述句、問句、否定句、把／被句型等不同語法
　　　　 表示事情，如：表示要喝水，會用「可以喝水嗎？」
　　　　 或「我需喝水才不渴」等不同語法來表示　　　　　（不同語法）

　0：無口語能力

　1：只能用語彙或不完整句表達，語法簡單

　2：只能用簡單句表達，語法簡單

　3：可以用完整句說出，但多為直述句、否定句，語法簡單

　4：說話時可用不同語法表示事情

☐ 5.3.25 說話沒有重複語詞、中斷或拉長語音的不流利情形　　（說話流利）

　0：無口語能力

　1：說話時嚴重不流利，有中斷、拉長語音或重複語詞現象，並伴隨怪異
　　　動作

　2：說話時有中斷、拉長語音或重複語詞現象，但沒有伴隨怪異動作

　3：說話時偶而有中斷、拉長語音或重複語詞現象，但不影響溝通效度

　4：說話流利

❀ 5.4　溝通能力　（語用能力）

☐ 5.4.1 能將頭轉向說話的人，並將眼睛看著對方　　　　　　（視線接觸）

　0：沒反應或閃躲

　1：在肢體協助下，會注視對方，或 4 次中有 1 次會注視

　2：在口頭提示下，會注視對方，或 2 次中有 1 次會注視

　3：會以短暫的方式注視對方

　4：能主動注視對方直到互動結束

☐ 5.4.2 有良好的溝通動機　　　　　　　　　　　　　(溝通意圖)

0：沒反應

1：對需求有被動回應

2：只對需求有表示動機

3：在鼓勵下，對日常事物會表現溝通動機

4：所有事物均可表現良好的溝通動機

☐ 5.4.3 用非口語／口語／溝通輔具方式表示基本需求或要求幫忙(表示需求)

0：沒反應

1：會用哭或用社會不能接受的方式（如：撞頭、攻擊）表示

2：無法主動表示，但詢問下有被動回應

3：可主動表示基本需求或要求幫忙，但方式只有熟悉者了解

4：會用大多數人可了解且符合社會規範之方式，主動表示基本需求或要
求幫忙

☐ 5.4.4 用社會能接受的非口語／口語／溝通輔具方式與人打招
呼或道歉　　　　　　　　　　　　　　　(打招呼、 道歉)

0：沒反應

1：會用哭或用社會不能接受的方式（如：撞頭、攻擊）表示

2：無法主動表示，但有被動回應

3：可主動打招呼或道歉，但方式只有熟悉者了解

4：會用大多數人可了解且符合社會規範之方式，主動打招呼或道歉

☐ 5.4.5 用非口語／口語／溝通輔具方式表示拒絕　　　　(表示拒絕)

0：沒反應

1：會用哭或用社會不能接受的方式（如：撞頭、攻擊）表示

2：無法主動表示，但詢問下有被動回應

3：可主動表示拒絕，但方式只有熟悉者了解

4：會用大多數人可了解且符合社會規範之方式，主動表示拒絕

☐ 5.4.6 用非口語／口語／溝通輔具方式回答問題 　　　　　(回答問題)

0：沒反應

1：會用哭或用社會不能接受的方式（如：撞頭、攻擊）表示

2：無法主動表示，但能以模仿方式表示（如：仿說、模仿動作、模仿使用溝通輔具）

3：可主動回答問題，但方式只有熟悉者了解

4：會用大多數人可了解且符合社會規範之方式，主動回答問題

☐ 5.4.7 用非口語／口語／溝通輔具方式表示情緒 　　　　　(表示情緒)

0：情緒表示很少，只有哭

1：會用社會不能接受的方式（如：撞頭、攻擊）表示

2：只會用哭、笑、叫等方式表示較原始情緒

3：可主動表示喜怒哀樂等情緒，但方式只有熟悉者了解

4：會用大多數人可了解且符合社會規範之方式，主動表示情緒

☐ 5.4.8 用非口語／口語／溝通輔具方式來問問題 　　　　　(問問題)

0：沒反應

1：會用哭或用社會不能接受的方式（如：撞頭、攻擊）表示

2：無法主動詢問，但可以模仿（如：仿說、模仿動作、模仿使用溝通輔具）

3：可主動問問題，但方式只有熟悉者了解

4：會用大多數人可了解且符合社會規範之方式，主動問問題

☐ 5.4.9 用非口語／口語／溝通輔具方式來指示或告知別人 　(指示或告知)

0：沒反應

1：會用不當動作或用社會不能接受的方式來指示或告知別人

2：無法主動指示告知，但可以模仿（如：仿說、模仿動作、模仿使用溝通輔具）

3：可主動指示或告知別人，但方式只有熟悉者了解

4：會用大多數人可了解且符合社會規範之方式，主動指示或告知別人

□ 5.4.10 用非口語／口語／溝通輔具方式來描述事件 　　　　(描述事件)

0：沒反應

1：會用不當動作或用社會不能接受的方式來描述事件

2：無法主動指示告知，但可以模仿（如：仿說、模仿動作、模仿使用溝通輔具）

3：可主動描述事件，但方式只有熟悉者了解

4：會用大多數人可了解且符合社會規範之方式，主動描述事件

□ 5.4.11 說話時，能使用適當音量 　　　　(音量控制)

0：無口語能力

1：說話時，音量常常過大或太小聲

2：說話時，音量控制不好，忽大忽小

3：在口頭提示下，可控制自己的音量

4：說話音量能依情境、對象不同作適當控制

□ 5.4.12 在溝通或對話時，能維持良好互動與輪流 　　　　(互動輪流)

0：無互動行為

1：無法主動互動，但有被動回應

2：只與熟悉者有主動互動行為

3：有主動互動行為，但無法輪流作一問一答

4：溝通或對話時，能維持良好互動與輪流，且可一問一答

□ 5.4.13 在溝通時，若無法了解訊息，會要求對方重述 　　　　(要求重述)

0：無互動行為

1：即使無法了解，也沒有特殊反應

2：偶而會以表情表示不懂

3：在溝通時，若無法了解訊息，會要求對方重述，但方式只有熟悉者才了解

4：在溝通時，若無法了解訊息，會以對方了解的方式要求對方重述

☐ 5.4.14 在溝通時，若對方無法了解訊息，會想辦法澄
清訊息，讓對方了解 (澄清不明訊息)

0：無互動行為

1：即使對方無法了解，也沒有特殊反應，仍繼續表示

2：在對方表示不懂時，會停頓或終止溝通

3：在對方表示不懂時，會有澄清訊息之反應，但澄清方式可能用不斷重
述，使訊息無法被澄清

4：在溝通時，在對方表示不懂時，會以對方了解的方式澄清說明

☐ 5.4.15 能用電話與人對談 (電話對談)

0：沒反應

1：會將電話放耳朵傾聽對方說話，但無法回答

2：會以嗯嗯方式回答電話

3：會用不完整口語用電話與人對談

4：會使用完整口語用電話與人對談

☐ 5.4.16 會唱兒歌或童謠 (唱兒歌)

0：無法唱兒歌或童謠

1：會跟著哼唱，但沒有歌詞

2：提示部分歌詞時，能接唱或能一句一句仿唱

3：會唱兒歌，但內容不完整

4：能唱完整兒歌或童謠

☐　5.4.17 說話時可依對象不同（如：大人、小孩、寵物　　　　
　　　　　　），語調、方式也有不同　　　　　　　　　　　　(使用不同語調)

0：沒有溝通行為

1：只對特定對象有溝通行為，如：父母

2：對大人、小孩有主動溝通行為

3：會對大人、小孩、寵物互動溝通，但語調、方式相同

4：說話時可依對象不同（如：對大人、小孩、寵物），語調、方式也有
　不同

☐　5.4.18 溝通時，能達到良好溝通效度　　　　　　　　　　　(溝通效度)

0：沒有溝通行為

1：只能靠主要照顧者了解其意

2：只能與特定對象溝通，如：父母或主要照顧者

3：可作簡單日常溝通，但無法達到學習上的溝通需要

4：在生活及學習上之溝通沒有困難

6.認知領域 ◇•◇•◇•◇•◇•◇•◇•◇•◇•◇•

❀ 6.1 物體恆存概念

☐ 6.1.1 在孩子面前把物品或玩具蓋住一部分，可以找出　(部分物體恆存)

0：沒反應

1：在動作暗示下，偶而可找出

2：在動作暗示下，每次均可正確找出

3：只需口頭提示，就可正確找出

4：在不需暗示下，每次均可找出

☐ 6.1.2 在孩子面前把物品蓋住或藏起來，可以找出　(基本物體恆存)

0：沒反應

1：露出一部分，就可以找出

2：在動作暗示下，每次均可正確找出

3：只需口頭提示，就可正確找出

4：每次均可正確找出

☐ 6.1.3 把藏物品的位置更換，仍可準確找出　(高級物體恆存)

0：沒反應或只具部分物體恆存概念

1：在動作暗示下，可找到第一次藏的位置

2：在不必提示下，可找到第一次藏的位置

3：會去找不同位置，但找不到或中途放棄，給予口頭提示後，就可正確
找出

4：每次均可正確找出

❋ 6.2 簡單因果概念

☐ 6.2.1 會操作簡單因果玩具，如：會按鈕啟動聲光玩具　(因果玩具操作)

　　0：沒反應

　　1：只把東西放入口中或到處丟

　　2：會無意義的操作動作，偶而可啟動因果玩具

　　3：會操作因果玩具，但只玩一下下就結束

　　4：會因為要得到某些刺激（果），而重複操作或啟動因果玩具

☐ 6.2.2 聽到某些聲音或看到某些物品，就會聯想相關事
　　　　物而作反應，如：聽到飛機聲音會指天空；看到
　　　　車子開很快會拍胸表示怕怕　　　　　　　　　(事物聯想)

　　0：沒反應

　　1：對已發生的事物只有少許反應

　　2：只能對已發生的事物作直接反應

　　3：在口頭提示下，就可有聯想反應

　　4：看到某些事物，就會聯想相關事物而作反應

☐ 6.2.3 看到某些事物，就會預期下一個要發生的事物，
　　　　　如：看到爸爸穿鞋，就知道要出門　　　　　(預期事物)

　　0：沒反應

　　1：在大量提示下，只能了解已發生的事物

　　2：需看到事物發生或出現才明白

　　3：在口頭提示下，就可預期要發生的事物

　　4：看到某些事物，就會預期下一個要發生的事物

✿ 6.3 基本物概念

☐ 6.3.1 能作相同物品配對　　　　　　　　　　　　　　　（同物配對）

0：沒反應

1：在動作或口頭提示下，會配對外觀完全相同之物品或圖卡

2：在不需提示下，會配對外觀完全相同之物品或圖卡

3：在口頭提示下，會配對外觀不同之相同物品或圖卡（如：不同外形之杯子）

4：會正確配對外觀不同之相同物品或圖卡

☐ 6.3.2 能將相同物品分類　　　　　　　　　　　　　　　（同物分類）

0：沒反應

1：在動作或口頭提示下，會分類外觀完全相同之物品或圖卡

2：在不需提示下，會分類外觀完全相同之物品或圖卡

3：在口頭提示下，會分類外觀不同之相同物品或圖卡（如：不同外形之杯子）

4：會正確分類外觀不同之相同物品或圖卡

☐ 6.3.3 聽到物品名稱時，會指認或拿給大人　　　　　　　（名稱指認）

0：沒反應

1：在大量提示下，偶而可找出

2：在動作暗示下，每次均可正確找出

3：聽到物品名稱時，會指認或拿給大人，但量不足

4：聽到物品名稱時，會指認或拿給大人，且理解量多

☐　6.3.4 能依物品功用正確操作，如：拿梳子梳頭髮、用
　　　　筆寫字　　　　　　　　　　　　　　　　　　（物品功能）

　　0：沒反應

　　1：只會把東西放入口中或到處丟

　　2：有操作動作，但方式錯誤

　　3：能依物品功用正確操作，但量不足

　　4：能依物品功用正確操作，且理解量多

☐　6.3.5 能依物品功能配對　　　　　　　　　　　　（功能配對）

　　0：沒反應

　　1：只能做完全相同之物品配對

　　2：在口頭解說下，能依物品功能配對

　　3：能依物品功能配對，但有錯誤，給予口頭提示後，可自己修正

　　4：會依物品功能作配對（如：鞋子配襪子）

☐　6.3.6 能依物品用途作分類，如：交通工具類　　　（功能分類）

　　0：沒反應

　　1：只能做完全相同之物品分類

　　2：在口頭解說下，能依物品用途分類

　　3：能依物品用途分類，但有錯誤，給予口頭提示後，可自己修正

　　4：會依物品用途作分類（如：把可以吃的全放一起）

☐　6.3.7 看到物品的一部分，就了解該物品　　　　　（物品完形）

　　0：沒反應

　　1：需看到物品全貌，才了解該物品

　　2：看到物品的大部分（3/4 部分），才了解該物品

　　3：看到物品的一部分（1/2 部分），就了解該物品

　　4：看到物品的一小部分，就了解該物品

❀ 6.4 顏色概念

☐ 6.4.1 能作顏色配對　　　　　　　　　　　　　　　　　　　（顏色配對）

0：沒反應

1：在動作或口頭提示下，會配對外觀完全相同之顏色卡

2：在不需提示下，會配對外觀完全相同之顏色卡

3：會依物品顏色作實物與顏色卡配對（如：蘋果配紅色卡）

4：會依物品顏色作不同物之顏色配對（如：蘋果配紅色籃子）

☐ 6.4.2 能依顏色分類，至少 5 種顏色　　　　　　　　　　　　（顏色分類）

0：沒反應

1：在動作或口頭提示下，會分類外觀完全相同之顏色卡

2：在不需提示下，會分類外觀完全相同之顏色卡

3：會將同色之各種物品分成一堆，但會有錯誤，經口頭提示後會自己
　　修正

4：會將同色之不同物品分成一堆

☐ 6.4.3 能正確指認 5 個基本顏色　　　　　　　　　　　　　　（顏色指認）

0：沒反應

1：有指認動作，但為錯誤反應

2：至少能正確指認 1 個基本顏色

3：能正確指認 2 至 4 個基本顏色

4：能正確指認 5 個基本顏色

☐ 6.4.4 能正確說出（或用溝通輔具回答）5 個基本顏色　　　　（說出顏色）

0：沒反應

1：會回答，但為錯誤反應

2：至少能正確說出 1 個基本顏色

3：正確說出 2 至 4 個基本顏色

4：正確說出 5 個基本顏色

☐ 6.4.5 會應用至少 5 個基本顏色於生活中，如：畫圖時
會塗上正確顏色，知道蘋果是紅色、香蕉是黃色
的，知道紅綠燈代表的意義 (顏色應用)

0：沒反應

1：在大人動作指示下，才可正確反應／應用

2：在大人口頭提示下，才可正確反應／應用

3：會應用基本顏色，但量不足（2 至 4 個），或偶而有錯誤

4：會應用至少 5 個基本顏色於生活中

❀ 6.5 形狀概念

☐ 6.5.1 能作形狀配對 (形狀配對)

0：沒反應

1：在動作或口頭提示下，會配對外觀完全相同之形狀板

2：在不需提示下，會配對外觀完全相同之形狀板

3：會依物品形狀作實物與形狀卡配對（如：書配長方形）

4：會依物品形狀作不同物的形狀配對（如：蘋果配圓球）

☐ 6.5.2 能依形狀分類，至少 5 種形狀 (形狀分類)

0：沒反應

1：在動作或口頭提示下，會分類外觀完全相同之形狀板

2：在不需提示下，會分類外觀完全相同之形狀板

3：會將同形狀之不同物品分成一堆，但會有錯誤，經口頭提示後會自
己修正

4：會將同形狀之不同物品分成一堆

□ 6.5.3 能正確指認圓形、方形、三角形等形狀 5 種　　　　　　　(形狀指認)

0：沒反應

1：有指認動作，但為錯誤反應

2：至少能正確指認 1 種形狀

3：能正確指認圓形、方形、三角形等 3 種基本形狀

4：能正確指認 5 種形狀，如：圓形、方形、三角形、菱形、星形等

□ 6.5.4 能正確說出（或用溝通輔具回答）圓形、方形、

三角形等形狀 5 種　　　　　　　　　　　　　(說出形狀)

0：沒反應

1：會回答，但為錯誤反應

2：至少能正確說出 1 種形狀

3：能正確說出圓形、方形、三角形等 3 種基本形狀

4：能正確說出 5 種形狀，如：圓形、方形、三角形、菱形、星形等

□ 6.5.5 會應用至少 5 種形狀概念於生活中，如：會在生

活中找出該形狀的物品，知道土司麵包是方形、海

星是星形　　　　　　　　　　　　　　　　　(形狀應用)

0：沒反應或沒有此概念

1：在大人動作指示下，才可正確反應／應用

2：在大人口頭提示下，才可正確反應／應用

3：會應用圓形、方形、三角形等 3 種基本形狀，其餘則有困難

4：會應用至少 5 種形狀概念於生活中

❀ **6.6 比較概念**（註：6.6.1～6.6.4 係以「0」、「2」、「4」三級計分）

☐ 6.6.1 能正確反應大／小之物品　　　　　　　　　　　　（大小概念）

　　0：沒反應或沒有此概念

　　1：

　　2：能正確從 2 個物品中，比較出大小

　　3：

　　4：能正確從 3 種以上物品中，比較出最大、最小

☐ 6.6.2 能正確反應物品的多／少　　　　　　　　　　　　（多少概念）

　　0：沒反應或沒有此概念

　　1：

　　2：能正確從 2 堆物品中，比較出多少

　　3：

　　4：能正確從 3 堆以上物品中，比較出最多、最少

☐ 6.6.3 能正確反應物品的長／短　　　　　　　　　　　　（長短概念）

　　0：沒有此概念

　　1：

　　2：能正確從 2 個物品中，比較出長短

　　3：

　　4：能正確從 3 個以上物品中，比較出最長、最短

☐ 6.6.4 至少有 5 種以上相反概念，如：「亮亮的／暗暗的」、

　　　　「胖胖的／瘦瘦的」等　　　　　　　　　　　　（相反概念）

　　0：沒有此概念

　　1：

　　2：有 1 至 3 種相反概念

　　3：

　　4：有 5 種以上相反概念

❀ 6.7 空間概念（註：6.7.1～6.7.4 係以「0」、「2」、「4」三級計分）

☐ 6.7.1 能正確反應上面／下面之位置　　　　　　　　　　　　　　（上下概念）

　0：沒反應或沒有此概念

　1：

　2：物品擺放在上面及下面位置中，能正確反應出上／下

　3：

　4：能正確從 3 個物品位置中，比較出最上面、最下面

☐ 6.7.2 能正確反應前面／後面之位置　　　　　　　　　　　　　　（前後概念）

　0：沒反應或沒有此概念

　1：

　2：物品擺放在前面及後面位置中，能正確反應出前／後

　3：

　4：能正確從 3 個物品位置中，比較出最前面、最後面

☐ 6.7.3 能正確反應裡面／外面之位置，如：書包外面／書包裡面(裡外概念)

　0：沒反應或沒有此概念

　1：

　2：物品擺放在裡面及外面位置中，能正確反應出裡／外

　3：

　4：能正確從 3 個物品位置中，比較出最裡面、最外面

☐ 6.7.4 能正確反應左／右，如：左右手、鞋子左右腳　　　　　　　（左右概念）

　0：沒反應或沒有此概念

　1：

　2：可反應左右概念，但偶而有錯誤

　3：

　4：能正確分辨左／右，如：鞋子的左右腳

❀ 6.8 符號概念

☐ 6.8.1 用實物教學時，可以正確反應　　　　　　　　　　　（認識實物）

　　0：完全無法理解或沒反應

　　1：在大量暗示或重複下，才可作少許反應

　　2：在少許暗示或重複下，可對實物教學作正確反應

　　3：在不需暗示下，可理解實物，但量不足

　　4：可正確反應實物教學，且理解量多

☐ 6.8.2 用玩具教學時，可以正確反應　　　　　　　　　　　（認識玩具）

　　0：完全無法理解或沒反應

　　1：在大量暗示或重複下，才可作少許反應

　　2：在少許暗示或重複下，可對玩具教學作正確反應

　　3：在不需暗示下，可理解玩具，但量不足

　　4：可正確反應玩具教學，且理解量多

☐ 6.8.3 用圖卡教學時，可以正確反應　　　　　　　　　　　（認識圖卡）

　　0：完全無法理解或沒反應

　　1：在大量暗示或重複下，才可作少許反應

　　2：在少許暗示或重複下，可對圖卡教學作正確反應

　　3：在不需暗示下，可理解圖卡，但量不足

　　4：可正確反應圖卡教學，且理解量多

☐ 6.8.4 只用口語解說，也能聽懂　　　　　　　　　　　　　（聽懂口語）

　　0：沒反應或不理解

　　1：需配合實物、玩具或圖卡呈現，才能了解

　　2：只了解簡單語彙

　　3：用簡單句型之口語解說，可以了解

　　4：可用複雜口語解說，也能聽懂

□　6.8.5 能閱讀字卡內容，並了解意思 　　　　　　　　　　(認識文字)

　　　0：無法理解或沒反應

　　　1：只了解實物、玩具或圖卡

　　　2：大人讀出字卡內容後，可作字卡／實物或字卡／圖卡之配對

　　　3：在不需任何暗示下，可作字卡／實物或字卡／圖卡之配對，但量不足

　　　4：能直接閱讀字卡內容，並依字卡內容作反應

❀ 6.9 數概念

□　6.9.1 可以用口語、手指比或溝通輔具方式作 1 至 10 之唱數(1 至 10 唱數)

　　　0：沒反應或無法理解

　　　1：只能接唱數字

　　　2：只能作 1 至 5 之唱數

　　　3：可以作 1 至 10 之唱數，但會有遺漏

　　　4：可以正確作 1 至 10 之唱數

□　6.9.2 能正確拿 1 至 5 之數量東西 　　　　　　　　　(1 至 5 數量對應)

　　　0：沒反應或無法理解

　　　1：有拿的動作，但數量不對

　　　2：至少能正確拿 1 個東西

　　　3：能正確拿 1 個、2 個、3 個量的東西

　　　4：能正確拿 1 至 5 個量的東西

□　6.9.3 能正確拿 6 至 10 之數量東西 　　　　　　　　(6 至 10 數量對應)

　　　0：沒反應或無法理解

　　　1：有拿的動作，但數量不對

　　　2：至少能正確拿 1 至 5 個量的東西

　　　3：能正確拿 6 至 8 個量的東西

　　　4：能正確拿 6 至 10 個量的東西

□ 6.9.4 能用口語、手指比或溝通輔具方式正確讀出 1 至
　　　 10 之數字　　　　　　　　　　　　　　　　　 (認識數字)
　　　 0：沒反應
　　　 1：能以仿說方式讀出數字
　　　 2：只能讀出 1 至 5 之數字
　　　 3：可以作 1 至 10 之唱數，但會有遺漏
　　　 4：可以正確讀出 1 至 10 之數字

□ 6.9.5 能正確排出 1 至 10 的數字序列　　　　　　　　 (數序列)
　　　 0：沒反應或無法理解
　　　 1：隨意排列，沒有序列概念
　　　 2：只能排列 1 至 5 之序列
　　　 3：可以作 1 至 10 之數字排列，但偶而有錯誤
　　　 4：能依數字大小正確排列 1 至 10 之數字

□ 6.9.6 能作 1 至 10 以內的大小比較及簡單加減　　　　 (數應用)
　　　 0：沒反應或無法理解
　　　 1：能作 1 至 5 數字之兩兩大小比較
　　　 2：能作 1 至 10 數字之兩兩大小比較
　　　 3：能作 1 至 10 以內加法
　　　 4：能作 1 至 10 以內減法

❀ 6.10 順序概念

□ 6.10.1 能按大小順序排列物品，如：由大到小　　　　 (大小順序)
　　　 0：沒反應
　　　 1：有排列動作，但沒有依順序排列
　　　 2：能按順序排列 3 個物品，如排大、中、小
　　　 3：能按順序排列 5 個物品，但其中有一個錯誤
　　　 4：能正確按大小順序排列 5 個物品

☐ 6.10.2 能按多少順序排列物品，如：由多到少   (多少順序)

    0：沒反應

    1：有排列動作，但沒有依順序排列

    2：能按多少順序排列 3 堆物品

    3：能按多少順序排列 5 堆物品，但其中有 1 個錯誤

    4：能正確按多少順序排列 5 堆物品

☐ 6.10.3 能依事件內容排列序列圖卡，如：能排列「吹氣球」、「氣球愈吹愈大」、「氣球吹破了」的序列圖卡   (事件順序)

    0：沒反應或無法理解

    1：能依大人說明一一拿取圖卡，但不會排列

    2：能依事件內容排列序列圖卡，但順序錯誤

    3：能依事件內容排列序列圖卡，但量不足

    4：能依事件內容排列序列圖卡，且理解量多

❀ 6.11　模仿

☐ 6.11.1 能模仿動作，如：拍拍手、拜拜、敬禮   (動作模仿)

    0：沒反應

    1：在肢體協助下，會配合，或偶而有動作模仿

    2：在肢體少許協助下，會出現動作模仿

    3：能模仿動作，但動作粗略不協調

    4：每次均可模仿，且動作正確

□ 6.11.2 能模仿操作物品動作，如：用筆塗鴉、以鎚子敲
　　　　　打、打電話　　　　　　　　　　　　　　　（物品操作模仿）
　　　0：沒反應
　　　1：在肢體協助下，會配合，或偶而有反應
　　　2：在肢體少許協助下，會出現操作模仿
　　　3：能模仿動作，但動作粗略不協調
　　　4：每次均可模仿，且動作正確

□ 6.11.3 能模仿表情動作，如：伸舌、扮鬼臉、吹　　　　（表情模仿）
　　　0：沒反應
　　　1：在肢體協助下，會配合，或偶而有反應
　　　2：在肢體少許協助下，會出現表情模仿
　　　3：能模仿表情，但動作粗略不協調
　　　4：每次均可模仿，且動作正確

□ 6.11.4 能模仿環境中的聲音，如：喇叭聲、狗叫、電鈴聲　　（聲音模仿）
　　　0：沒反應或無發聲能力
　　　1：需重複多次才可模仿單音（如：汪或喵）
　　　2：可模仿疊字音（如：叭叭、汪汪）
　　　3：可模仿不同語音組合的輪替音（如：叮咚、叭噗）
　　　4：可清楚模仿環境中的聲音，且模仿量多

❀ 6.12　記憶

□ 6.12.1 能記住教室中常用物品放置位置，至少 5 樣　　　（教室物品記憶）
　　　0：沒反應或記不住
　　　1：需用動作指出位置，才有反應
　　　2：在口頭提示下，才能記住
　　　3：偶而會記錯位置，但放錯或找不到時會想起，並至正確位置放好
　　　4：能記住教室中常用物品放置位置

☐ 6.12.2 能記住自己常用物品放置位置，至少 5 樣　　　　　　　(位置記憶)

　0：沒反應或記不住

　1：需用動作指出位置，才有反應

　2：在口頭提示下，才能記住

　3：偶而會記錯位置，但放錯或找不到時會想起，並至正確位置放好

　4：能記住自己物品放置位置

☐ 6.12.3 能記住自己的物品，如：鞋子、包包、衣服　　　　　　(所有物記憶)

　0：沒反應或記不住

　1：在動作暗示下，才能記住

　2：在口頭提示下，才能記住

　3：偶而會忘記，但放錯或拿錯時，會自己修正

　4：能記住自己的物品

☐ 6.12.4 能從 5 件物品（圖卡）中，記住剛剛呈現之 2 件　(短暫記憶:2/5)

　0：沒反應

　1：需一一在動作或口頭提示下，才能記住

　2：只能記住 1 件

　3：偶而會忘記 1 件，但提示一下會想起

　4：能記住 5 件物品（圖卡）中，記住剛剛呈現之 2 件

☐ 6.12.5 能從 10 件物品（圖卡）中，記住剛剛呈現之 5 件(短暫記憶:5/10)

　0：沒反應

　1：需一一在動作或口頭提示下，才能記住

　2：只能記住 1 至 2 件

　3：會忘記 1 至 2 件，但提示一下會想起

　4：能記住 10 件物品（圖卡）中，記住剛剛呈現之 5 件

☐ 6.12.6 能記住上週或以前所學之事物，如：律動動作、
　　　故事情節　　　　　　　　　　　　　　　　　　　（長程記憶）

0：沒反應或記不住

1：在不斷提示下，才有反應

2：在作重點提示下，能記住

3：會記住上週或以前所學之事物，但會漏掉一部分

4：能完整記住上週或以前所學之事物

❀ 6.13　　配對分類

☐ 6.13.1 能作一項度配對，如：同物配對、同色配對等　　（基本配對）

0：沒反應

1：

2：只能作 2 個物品的配對

3：

4：能作多個物品的一項度配對，如：同物配對、同色配對等

註：本題係以「0」、「2」、「4」三級計分

☐ 6.13.2 能作兩項度配對，如：依物品顏色和形狀配對等　　（兩項度配對）

0：沒反應

1：只能作 1 個項度的配對

2：在口頭解說下，能作兩項度配對

3：能作兩項度配對，但偶而有錯誤，給予口頭暗示後，可自己修正

4：能作兩項度配對

☐ 6.13.3 能作一項度分類，如：同物分類、同色分類等　　（基本分類）

0：沒反應

1：

2：只能作 2 種物品的分類

3：

4：能作多個物品的一項度分類，如：同物分類、同色分類等

註：本題係以「0」、「2」、「4」三級計分

□ 6.13.4 能作兩項度分類，如：依同色、同形狀物品分類等　(兩項度分類)

0：沒反應

1：只能依 1 個項度分類

2：在口頭解說下，能作兩項度分類

3：能作兩項度分類，但偶而有錯誤，給予口頭暗示後，可自己修正

4：能作兩項度分類

❀ 6.14　邏輯思考

□ 6.14.1 能指出錯誤地方　　　　　　　　　　　　　　　　　(找出錯誤)

0：沒反應

1：有反應，但為錯誤反應

2：口頭提示錯誤地方時，能指出

3：可指出部分錯誤地方，給予口頭暗示後，可全部指出

4：能正確指出所有錯誤地方

□ 6.14.2 能自圖卡或一堆物品中挑出不相關或不同的東西，

　　　如：在積木堆中挑出汽車　　　　　　　　　　　(挑出不同)

0：沒反應

1：有反應，但為錯誤反應

2：在口頭提示下，可以將不相關或不同的東西挑出

3：可挑出部分不相關或不同的東西，給予口頭暗示後，可全部挑出

4：能正確挑出不相關或不同的東西

☐ 6.14.3 能作邏輯推理，如：能歸類物品屬性，再挑出不同類
　　　　（如：從餅乾、糖、麵包、積木等 4 個物品中，挑出
　　　　積木為不同類）　　　　　　　　　　　　　　(邏輯推理)

0：沒反應

1：有反應，但為錯誤反應

2：只能從同物中挑出不同（如：從鴨子、汽車、鴨子中，挑出汽車）

3：在口頭提示下，會作邏輯推理（如：「西瓜、餅乾、汽車、果汁」
　　暗示「如果和吃有關，哪一個不一樣？」）

4：能作邏輯推理（如：從西瓜、餅乾、汽車、果汁中，會挑出汽車）

✽ 6.15　解決問題

☐ 6.15.1 想要某些東西時，會想辦法取得　　　　　　　　(設法取物)

0：完全依賴大人給予

1：帶領至東西面前，會去取得

2：在口頭提示下，會去取得

3：會想辦法取得，但很容易放棄，或取不到時會主動尋求大人協助

4：想要某些東西時，會想辦法取得，有困難時會設法解決

☐ 6.15.2 有困難時，會找人幫忙解決問題　　　　　　　　(尋求協助)

0：無反應

1：只會用哭的或異常方式來表現面臨困難

2：當大人詢問或發現時，才要求協助

3：有困難時，偶而會主動找人幫忙解決問題

4：有困難時，會主動找人幫忙解決問題

□ 6.15.3 會將所學技能應用於生活情境中，如：將插棒技
　　　　用於插吸管或插鑰匙　　　　　　　　　　（技能應用）
　　0：無反應或未具備技能
　　1：只在完全相同情境下才出現該能力，如只會玩完全相同之插棒玩具
　　2：轉換情境時，需加以訓練才可出現相同技能
　　3：在動作示範下，能應用所學技能於生活情境中
　　4：能將所學技能，自動應用於各種生活情境中

□ 6.15.4 發現有錯誤時，會自我修正　　　　　　　（修正錯誤）
　　0：沒反應或無法發現錯誤
　　1：當大人指出錯誤時，會嘗試修正，但結果還是錯誤的
　　2：當大人指出錯誤時，會自我修正
　　3：在口頭提示下，會發現錯誤且自我修正
　　4：會主動發現錯誤，且會自我修正

❀ 6.16 簡單閱讀

□ 6.16.1 能看懂有情節內容的簡單圖畫書，並了解內容　　（閱讀圖畫書）
　　0：完全無法理解或沒反應
　　1：只會隨意翻書，並非閱讀
　　2：只能反應圖畫書中的簡單物品或人物，無法了解情節（如：問「蘋果
　　　　在哪裡？」會指出，但問「誰在吃蘋果？」則無法理解）
　　3：在大人解說下，可理解情節內容
　　4：能看懂有情節內容的簡單圖畫書，並正確反應圖畫書內容

☐ 6.16.2 能閱讀字卡 (閱讀字卡)

0：完全無法理解或沒反應

1：需大人讀出字卡後，可以作圖卡與字卡配對

2：不需暗示，可以作圖卡與字卡配對

3：在大人詢問下，可用字卡回答問題，但不會讀出（如：問「什麼東西穿在腳上？」會拿出鞋子的字卡回答）

4：可正確讀出字卡，且理解字卡內容

☐ 6.16.3 能閱讀簡單句子（如：「猴子吃香蕉」的句子） (閱讀簡單句子)

0：完全無法理解或沒反應

1：需大人讀出句子後，可以作圖卡與句子卡片配對

2：不需暗示，可以作圖卡與句子卡片配對

3：在大人詢問下，可用句子卡片回答問題，但不會讀出（如：問「猴子在作什麼？」會拿出猴子吃香蕉的句子卡片回答）

4：可正確讀出句子卡片，且理解句子卡片內容

☐ 6.16.4 能閱讀較複雜的故事書內容，並了解意思 (閱讀故事書)

0：完全無法理解或沒反應

1：只會隨意翻書，並非閱讀

2：只能反應故事書中的插圖，無法了解情節

3：在大人解說下，可閱讀故事書，並理解情節內容

4：可以自己看懂有情節內容的故事書，並正確反應故事書內容

☐ 6.16.5 能閱讀注音符號，並了解意思 (閱讀注音符號)

0：無法理解或沒反應

1：只能認讀部分聲母或韻母，如：ㄅ、ㄆ、ㄋ

2：能認讀所有 21 個聲母及 16 個韻母

3：會作文字與注音的配對

4：能認讀拼音，並了解意思

7.社會適應領域 ◇•◇•◇•◇•◇•◇•◇•◇

❀ 7.1 自我概念

☐ 7.1.1 可以認出自己的照片 　　　　　　　　　　　　　　(認識自己)

0：沒反應或完全不會

1：大人指出後，才認得

2：有 50%的機率可以正確認出

3：可以正確認出自己的照片，但偶而有錯誤，或反應慢

4：每次均可正確認出自己的照片

☐ 7.1.2 可以由照片認出父母或主要照顧者 　　　　　　　　(認識父母)

0：沒反應或完全不會

1：大人指出後，才認得

2：有 50% 的機率可以正確認出

3：可以正確認出父母或主要照顧者的照片，但偶而有錯誤，或反應慢

4：每次均可正確認出父母或主要照顧者的照片

☐ 7.1.3 可以由照片認出兄弟姐妹或同伴 　　　　　　　　(認識兄弟姐妹)

0：沒反應或完全不會

1：大人指出後，才認得

2：有 50% 的機率可以正確認出

3：可以正確認出兄弟姐妹或同伴的照片，但偶而有錯誤，或反應慢

4：每次均可正確認出兄弟姐妹或同伴的照片

☐ 7.1.4 能認識自己的身體部位　　　　　　　　　　　　(認識自己身體)

0：沒反應或完全不會

1：需經由模仿大人，才可指出身體部位

2：能認識自己身體部位，但只能認識 1 至 2 個部位

3：能認識自己身體部位，但偶而有錯誤，或反應慢

4：能認識自己身體部位

☐ 7.1.5 能認得自己的東西　　　　　　　　　　　　　　(認識自己東西)

0：沒反應或完全不會

1：大人指出後，才認得

2：能認識自己的東西，但只能認識 1 至 2 個東西

3：可以正確認出自己的東西，但偶而有錯誤，或反應慢

4：每次都可正確認出自己的東西

☐ 7.1.6 能認識自己的性別，如：行為表現符合性別　　(認識自己性別)

0：沒反應或完全不會

1：在動作示範或大量口頭提示下，才能分辨

2：有 50% 的機率可以正確認出

3：可以正確認識自己的性別，但偶而有錯誤，或反應慢

4：能認識自己的性別，或行為表現符合性別

☐ 7.1.7 知道自己家的電話號碼　　　　　　　　　　　　(知道電話號碼)

0：沒反應

1：能按對／說出一個數字或亂按

2：能說出或撥對前面或後面 3 個數字

3：能連續說出或按出前面或後面 6 位數字

4：能說出或撥出號碼正確無誤

❀ 7.2 環境適應

☐ 7.2.1 能和父母（或主要照顧者）分開，不會表現過於黏人 　(短暫分離)

0：對分開無所謂或沒反應

1：父母（或主要照顧者）於同一空間下陪同則不哭鬧

2：父母（或主要照顧者）於門外等待，可以一節課不哭鬧

3：能整個上午離開父母（或主要照顧者）不哭鬧

4：能和父母（或主要照顧者）分開整天而不哭鬧

☐ 7.2.2 喜歡別人逗弄或和他玩 　　　　　　　　　　　　　(喜歡逗弄)

0：沒反應

1：拒絕或逃避他人逗弄

2：只會以眼神注視對方

3：會回應他人

4：會回應並期待刺激再度出現

☐ 7.2.3 對陌生人會表現適當怕生，但經一段時間熟悉後，

　　　就不怕生 　　　　　　　　　　　　　　　　　(適當怕生)

0：完全不怕生或過於退縮

1：在熟人陪同下，偶而可接受陌生人

2：在熟人陪同下，仍會害怕，超過 30 分鐘以後，才能接受陌生人

3：在熟人陪同下，30 分鐘內可適應，不怕陌生人

4：對陌生人會表現適當怕生，但經 5 至 10 分鐘熟悉後，就不怕生

☐ 7.2.4 會避免接觸日常生活中的危險事物，如：燙的東
西、尖銳物品 (避免危險)
0：完全不會避免危險事物
1：須強制帶離
2：經告知後，可接受大人的帶離
3：在指示或告知後，會自動避免危險事物
4：完全了解危險，並會自動避免

☐ 7.2.5 能參與新事物或活動 (參與新事物)
0：完全排斥或不參與
1：在陪同或帶領下，偶而可參與
2：在陪同或帶領下，可參與
3：在口頭告知後，即可參與
4：能主動參加，並表現出強烈的動機

☐ 7.2.6 能適應陌生環境 (適應陌生環境)
0：完全不能適應
1：在大人陪同下，偶而可適應陌生環境
2：在大人陪同下，可適應陌生環境
3：大人離開時會哭鬧，安撫一下後，就可適應陌生環境
4：能適應陌生環境

☐ 7.2.7 能遵守簡單教室規則 (遵守教室規則)
0：無法遵守指令
1：在強制帶領下，才能稍稍配合
2：須不斷口頭要求下，才可配合
3：能聽老師的指示，並可以遵守規則
4：能主動遵守教室規則

☐ 7.2.8 能完成所交付的工作 (完成工作)

0：拒絕或不願意

1：需肢體協助及口頭一步一步告知下，才可完成

2：需口頭一步一步告知下，才可完成交付工作

3：在 1 至 2 次口頭告知下，即可完成交付工作

4：能依指示，即可正確完成

☐ 7.2.9 會把東西或玩具收回原位 (玩具收拾)

0：拒絕或沒反應

1：在肢體協助及口頭一步一步告知下，才可完成收拾

2：需口頭一步一步告知下，才可完成收拾

3：能主動收拾，但無法收拾乾淨

4：能主動收拾、歸位整齊

☐ 7.2.10 碰到挫折時，會繼續嘗試，不會立刻放棄或哭鬧 (挫折忍受)

0：拒絕嘗試

1：作一次失敗就放棄，或哭鬧

2：會邊做邊哭

3：在鼓勵下，可以不放棄、繼續嘗試

4：不達目的不放棄

❀ 7.3 人際互動

☐ 7.3.1 看到父母或家人會顯現高興 (依附表現)

0：沒反應

1：在肢體協助下，才會趨近父母或家人

2：在口頭提示下，才會趨近父母或家人

3：會主動趨近父母或家人，但反應較慢或方式錯誤

4：會立即高興地擁上或顯現高興

□ 7.3.2 與人互動時，會注視對方　　　　　　　　　　　　　　　（視線接觸）

0：沒反應或閃躲

1：在肢體協助下，會注視對方，或偶而有視線接觸（少於 25％）

2：在口頭提示下，會注視對方，或 2 次中有 1 次視線接觸

3：不時地以短暫的方式注視對方，或會注視對方，但眼光會飄移

4：會主動注視對方，直到互動結束

□ 7.3.3 當同伴靠近、玩耍、打招呼時，會適當回應　　　　　　（回應能力）

0：拒絕或沒反應

1：在肢體協助下，才會回應，或偶而有回應（少於 25％）

2：在口頭提示下，才會回應對方，或 2 次中有 1 次回應

3：可以有回應，但反應速度較慢，或方式錯誤

4：能立即回應對方

□ 7.3.4 會主動接近同伴　　　　　　　　　　　　　　　　　　（主動趨近）

0：拒絕或沒反應

1：在肢體協助下，會接近同伴

2：在不斷地口頭提示下，即可接近同伴

3：可以主動接近同伴，但方式錯誤

4：會主動趨近同伴

□ 7.3.5 會與人分享東西或玩具　　　　　　　　　　　　　　　　（分享）

0：拒絕

1：在肢體協助下，會分享

2：在口頭提示下，可與他人分享

3：在對方要求下，會分享

4：會主動分享

☐ 7.3.6 能幫助別人 (幫助別人)

0：拒絕

1：在肢體協助下，會幫助他人

2：在口頭提示下，會幫助他人

3：在對方要求下，會幫忙

4：會主動幫助別人

☐ 7.3.7 能等待，具延緩等待能力 (延緩等待)

0：哭鬧或拒絕等待

1：在陪同帶領下，能等待

2：在口頭提示下，可等待

3：可等待，但等待時，有干擾行為（如：跑掉、叫、逗弄同伴）

4：能主動等待

☐ 7.3.8 能輪流 (輪流)

0：哭鬧或拒絕輪流

1：在陪同帶領下，能輪流

2：在口頭提示下，可輪流

3：可輪流，但與人輪流時，有干擾行為（如：跑掉、叫、逗弄同伴）

4：能主動輪流

❀ 7.4 遊戲特質

☐ 7.4.1 對物品或玩具有功能性玩法（如：以梳子梳頭髮）時，
不會只將玩具丟、摔、咬 (功能性遊戲)

0：沒反應或只有無意義之玩法，如：丟、摔、咬

1：對 2 種玩具能有功能性玩法

2：對 3 至 5 種玩具能有功能性玩法

3：對 5 種以上的玩具能有功能性玩法

4：對各種不同類型的玩具都有功能性的玩法

☐ 7.4.2 對同一玩具有 2 種以上的玩法，如：筆會用來塗鴉、
壓黏土或作指揮棒 （表徵遊戲）
0：沒反應只作無意義之玩法
1：只會功能性玩法
2：在模仿下，能有 2 種以上的玩法
3：在口頭提示下，可以有 2 種以上的玩法
4：對玩具能主動想出 2 種以上的玩法

☐ 7.4.3 可以和同伴一起玩合作性的遊戲，如：一起堆積木 （合作性遊戲）
0：沒反應或不願與人合作
1：在肢體協助下，可以完成活動
2：在口頭提示下，可以和同伴一起完成活動
3：在同伴帶領下，可以配合
4：每次都可以主動和同伴一起完成活動

☐ 7.4.4 可以玩角色扮演遊戲 （角色扮演）
0：沒反應或不願意
1：在肢體協助下，可玩角色扮演
2：能模仿玩角色扮演
3：在口頭提示下，可玩角色扮演
4：可玩角色扮演遊戲，且可合宜扮演角色

☐ 7.4.5 可以玩有規則性之遊戲，如：撲克牌、下棋等 （規則性遊戲）
0：沒反應或不願意
1：在肢體協助下，可玩規則性遊戲
2：能模仿玩有規則性之遊戲
3：在口頭提示下，可玩規則性遊戲
4：可玩有規則性之遊戲，且可了解規則

六、個別化教育計畫案例

　　○○○為一痙攣型腦性麻痺 5 歲女生，經老師及治療師以「早期療育課程評量」評估後，其側面圖研判分析如下，並依評量結果擬定「個別化教育計畫」（IEP）之長、短程目標。

嬰幼兒發展側面圖

感官知用	感覺知覺		粗大動作			精細動作		生活自理			溝通語言			概念理解	認知															社會適應		

視覺應用　聽覺應用　觸覺應用　味嗅覺刺激　前庭及本體覺刺激　姿勢控制　轉換姿勢　移動能力（簡單運動技能）　抓放能力　操作能力　簡單勞作及書寫技能　如廁（飲食）　清潔與衛生　穿著　語言機轉　語言理解　口語表達（溝通能力）　物體恆存概念　簡單因果概念　基本物概念　顏色概念　形狀概念　比較概念　空間概念　符號概念　數概念　順序概念　模仿　記憶　分類（對）　邏輯思考　解決問題　簡單閱讀　自我概念　環境適應（人際互動）　遊戲特質

評分等級：
- 4（獨立完成）
- 3（少許協助）
- 2（部分反應）
- 1（少許反應）
- 0（無反應）

領域一：感官知覺側面圖（一）

項目	4（獨立完成）	3（少許協助）	2（部分反應）	1（少許反應）	0（無反應）
觸覺辨識					
觸覺應用					
溫度分辨					
溫度接收					
觸覺統整					
口腔觸覺					
臉部觸覺					
身體觸覺					
觸覺機警度					
傾聽能力					
名字反應					
聲音理解					
聲音物體恆存					
反應聲源					
聽覺機警度					
主體背景區辨					
視覺辨識					
對人注意力					
物品注意力					
追視人物					
追視物品					
視覺機警度					

（分組：觸覺應用、聽覺應用、視覺應用）

領域一：感官知覺側面圖（二）

項目	4（獨立完成）	3（少許協助）	2（部分反應）	1（少許反應）	0（無反應）	
緊抱重壓刺激					●	前庭及本體覺刺激
關節擠壓刺激					●	
旋轉活動					●	
治療球活動					●	
加速度活動					●	
扶抱移動					●	
嗅覺分辨					●	味嗅覺刺激
嗅覺接收					●	
味覺分辨					●	
味覺接收					●	

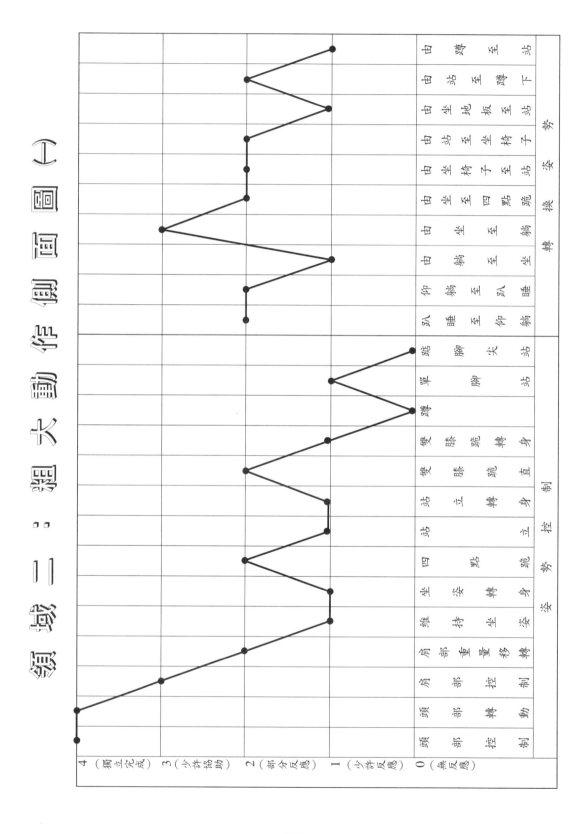

領域二：粗大動作側面圖（一）

112

領域二：大動作側面圖(二)

項目	分類	4（獨立完成）	3（少許協助）	2（部分反應）	1（少許反應）	0（無反應）
跳格子遊戲	遊戲				●	
連續拍球	球類活動技能				●	
丟接球				●		
單手過肩投球			●			
雙手接球				●		
踢球	球類運動				●	
滾大球					●	
騎腳踏車	騎腳踏車運動				●	
上下腳踏車					●	
跨越障礙物	簡單				●	
盪鞦韆				●		
溜滑梯			●			
走平衡木				●		
鑽籠			●			
跳床				●		
跑步平衡	衡					●
單腳向前跳	跳					●
雙腳跳						●
由階梯跳下						●
一腳下樓梯	力					●
一腳上樓梯	能					●
兩腳下樓梯	上下樓梯能					●
兩腳上樓梯						●
行走平衡	動					●
倒退走	移					●
向前走直線	能力					●
行走控制	行走					●
扶著走			●			
爬行	爬行		●			
左右翻滾			●			

113

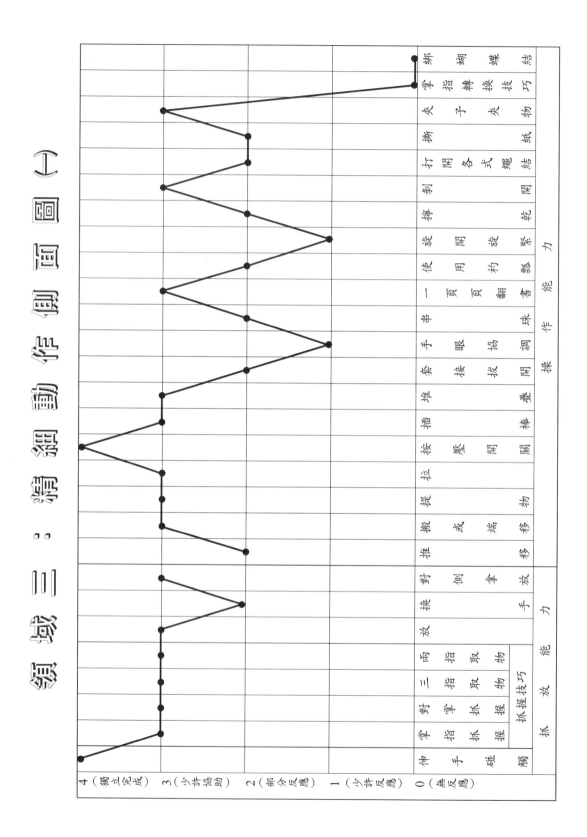

領域三：精細動作側面圖（一）

	4（獨立完成）	3（少許協助）	2（部分反應）	1（少許反應）	0（無反應）	
綁蝴蝶結		●				
掌指轉換技巧				●		
夾子夾物		●				
撕開紙			●			
打開各式繩結		●				
剝撐旋開乾緊			●			能力
旋開使用杓瓢書				●		
一頁頁翻書		●				操作
串珠			●			
手眼協調				●		
套接拔開			●			操作
堆插按拉		●				
插棒		●				
按壓開關	●					
拉開關		●				
提物		●				
搬或端移物			●			
推移物						
對倒拿手放		●				力
接手			●			
放		●				能
兩指取物		●				
三指取物		●				放
對掌抓握		●				抓握技巧
掌指抓握		●				抓
伸手碰觸					●	觸

領域三：精細動作側面圖（二）

項目	分數
簡單剪貼	1
撕貼貼紙	3
沿線剪貼	1
連續剪	1
剪斷物品	1
自發性書寫	1
仿寫	1
描寫	1
將點連線	2
正確握筆	4
自己畫圖	2
著色	2
仿畫圖	2
塗鴉	4
簡單縫工	2
摺紙造型	1
對摺紙張	1
黏土造型	2
積木造型	2

分類：剪貼技巧、書寫技巧及勞作技巧、簡單畫圖

評分標準：
4（獨立完成）
3（少許協助）
2（部分反應）
1（少許反應）
0（無反應）

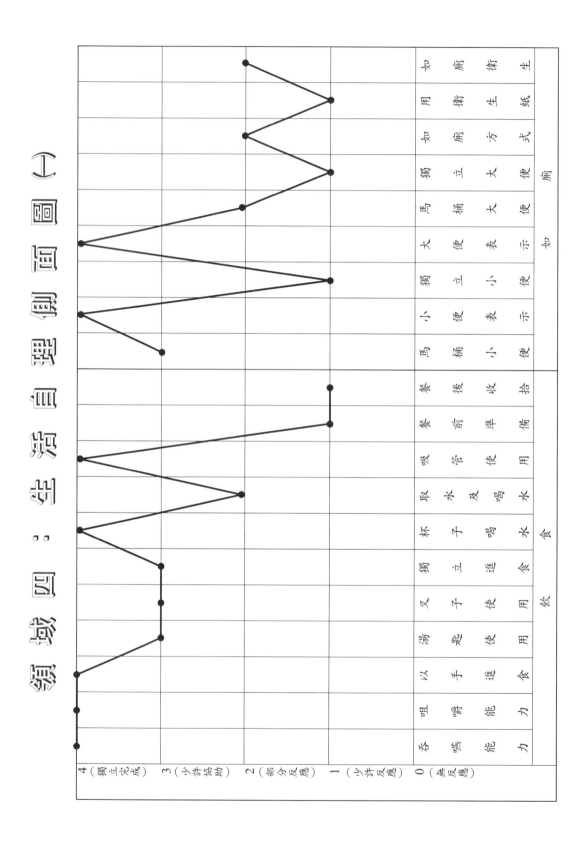

領域四：生活自理側面圖（一）

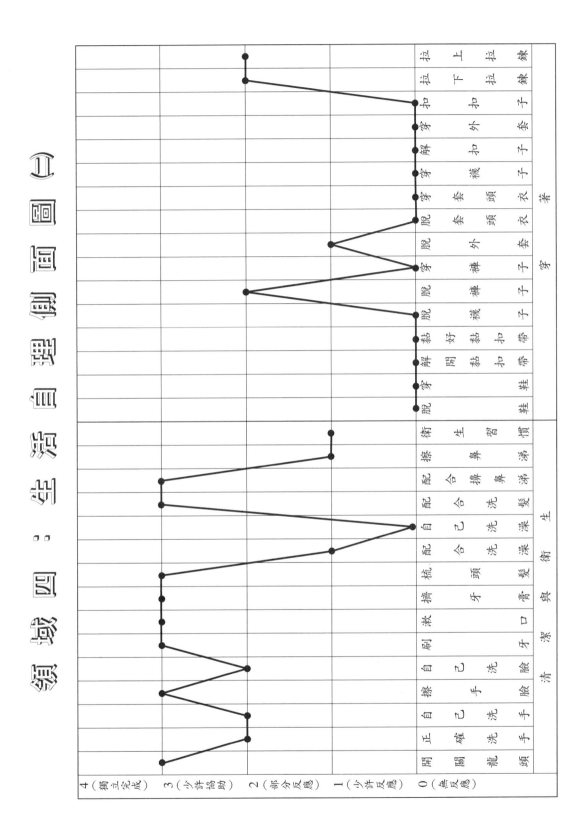

領域四：生活自理側面圖（二）

領域五：語言溝通側面圖（一）

項目	次分類	分類	大分類
聽懂暗示性用語	敘述性語言理解		語言理解
聽懂故事	敘述性語言理解		語言理解
聽懂敘述性語言	敘述性語言理解		語言理解
複雜句理解	複句理解		語言理解
複合句理解	複句理解		語言理解
複合直述句理解	複句理解		語言理解
對比句理解	複句理解		語言理解
理解含空間詞句子	複句理解		語言理解
理解含形容詞句子	複句理解		語言理解
否定句理解	簡單句理解		語言理解
問句理解	簡單句理解		語言理解
直述句理解	簡單句理解		語言理解
功能性指認	簡單句理解		語言理解
了解形容詞	語彙理解		語言理解
空間詞理解	語彙理解		語言理解
代名詞理解	語彙理解		語言理解
身體部位名稱理解	語彙理解		語言理解
名稱詞理解	語彙理解		語言理解
動作詞理解	語彙理解		語言理解
人稱詞理解	語彙理解		語言理解
聽懂語氣下情境理解	非口語理解		語言理解
聽懂名字反應	非口語理解		語言理解
流口水控制	語言機轉		發言
吹張口閉口	語言機轉		發言
舌頭活動	語言機轉		發言
雙唇閉合	語言機轉		發言
發聲	語言機轉		發言
呼吸	語言機轉		發言

評分：4（獨立完成） 3（少許協助） 2（部分反應） 1（少許反應） 0（無反應）

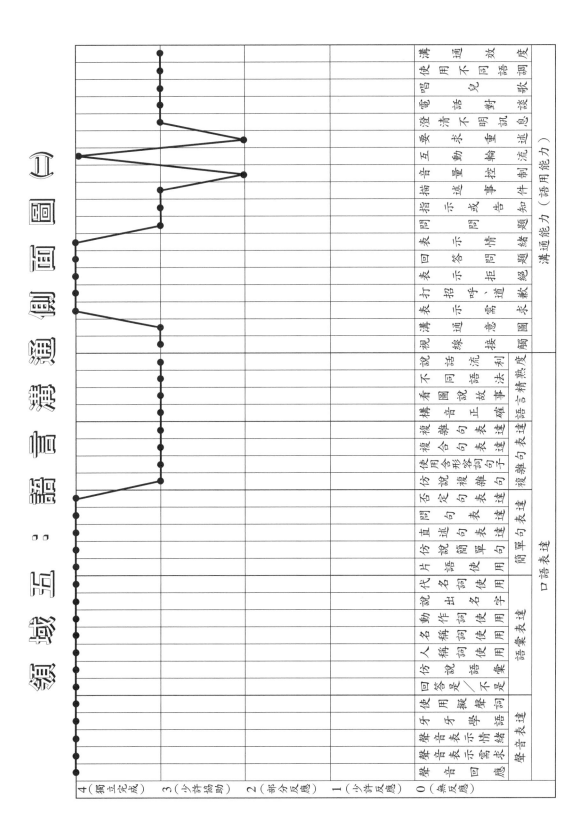

領域五：語言溝通側面圖圖（二）

	4（獨立完成）	3（少許協助）	2（部分反應）	1（少許反應）	0（無反應）		
溝通效度	●						溝通能力（語用能力）
使用不同語調	●						
唱兒歌	●						
電話對談	●						
澄清不明訊息	●						
要求重述			●				
互動輪流	●						
音量控制			●				
描述事件或告知		●					
指示或問題		●					
問問題		●					
表示情緒	●						
回答問題	●						
表示拒絕、道歉	●						
打招呼	●						
表示需求	●						
溝通意圖		●					
視線接觸	●						
說話流利		●					語言精熟度
看圖說故事		●					
構音正確		●					
複雜句表達		●					複雜句表達
複合句表達		●					
使用含形容詞句子		●					
仿說複雜句		●					
否定句表達	●						簡單句表達
問句表達	●						
直述句表達	●						
仿說簡單句	●						
片語使用	●						語彙表達
代名詞使用	●						
說出名字	●						
動作名稱使用	●						
名稱詞使用	●						
人稱詞使用	●						
仿說語彙	●						
回答是／不是	●						聲音表達
使用擬聲詞	●						
牙牙學語	●						
聲音表示情緒	●						
聲音表示需求	●						
聲音回應	●						

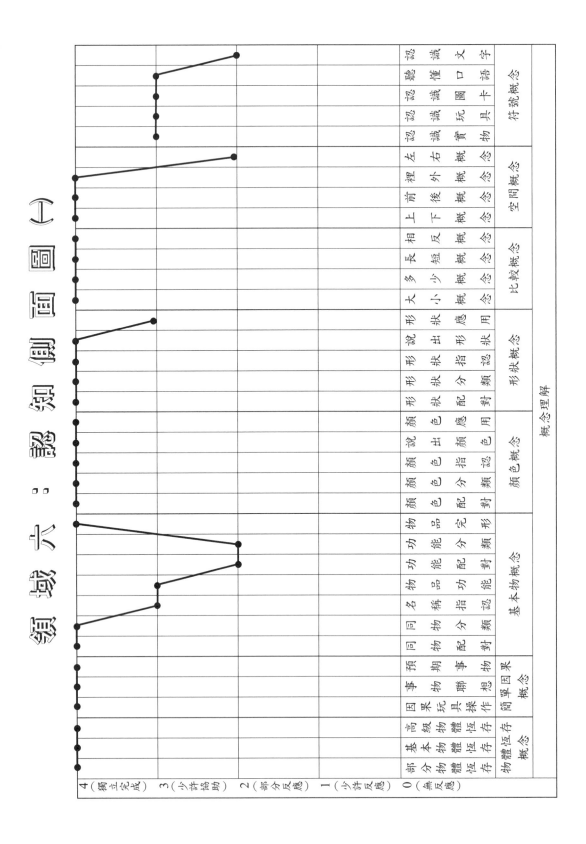

領域六：認知類側面圖（一）

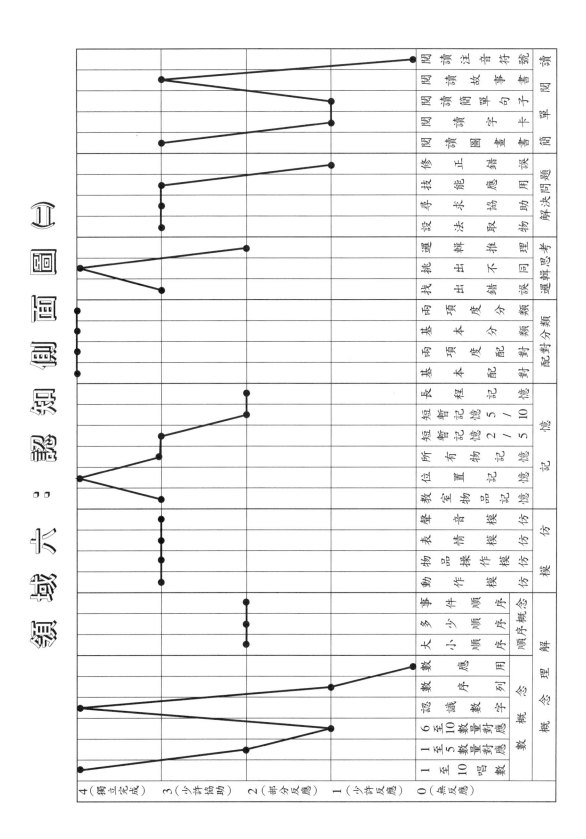

領域六：認知側面圖(二)

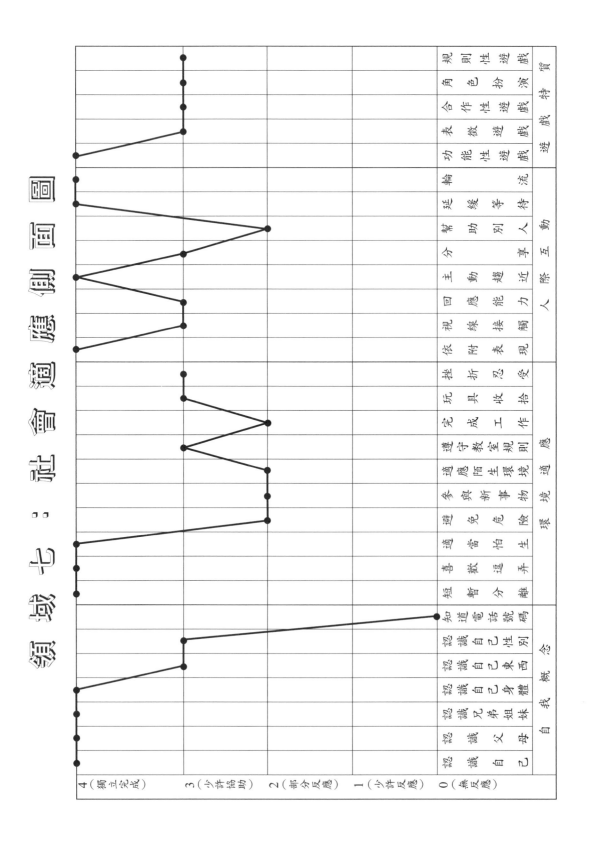

領域七：社會適應側面圖

	4 （獨立完成）	3 （少許協助）	2 （部分反應）	1 （少許反應）	0 （無反應）		
規則性遊戲		●					遊戲特質
角色扮演		●					
合作性遊戲		●					
表演遊戲		●					
功能性遊戲	●						
輪流	●						人際互動
延緩等待	●						
幫助別人			●				
分享		●					
主動趨近	●						
回應能力		●					
視線接觸		●					
依附表現	●						
挫折忍受		●					環境適應
玩具收拾		●					
完成工作			●				
遵守教室規則		●					
適應陌生環境			●				
參與新事物			●				
避免危險			●				
適當怕生	●						
喜歡逗弄	●						
短暫分離	●						
知道電話號碼					●		自我概念
認識自己性別		●					
認識自己東西		●					
認識自己身體	●						
認識兄弟姐妹	●						
認識父母	●						
認識自己	●						

○○○○○○中心　評量結果綜合研判分析報告

學生姓名：○○○　　性別：女　　出生日期：○○年○○月○○日　　入學日期：○○年○○月○○日

評量日期：○○年○○月○○日　　評量者：○○○　　預計轉銜日期：○○年○○月○○日

領域	現況摘要	建議事項
感官知覺	視覺應用：有良好的視覺機應，可以追移動的人或物品，有適當的視覺注意力及視覺區辨反應。 聽覺應用：對聲音機警度良好，對於呼喚名字、作息音樂、鐘聲等各種環境的聲音，每次都能正確回應，有良好的聽覺理解能力。 觸覺應用：對於身體、臉部及口腔的觸覺刺激均可正確反應，不會排斥也不會過度偏好；手伸入神秘袋中、拿取指定物品時，會以眼睛查看喜歡大人抱抱、親視，觸碰到冰或熱的物品會表示；手伸入神秘袋物（一小角）才能正確找出；不排斥或過度喜歡特定物品。 味嗅覺刺激：能接受各種不同的食物，嘗到或聞到不同味道的食物時，會有不同表情，有良好的味嗅覺反應。 前庭覺及本體覺刺激：在大人抱扶玩搖盪、搖晃、旋轉時，能有高興的表情，能接受玩抱抱及重壓型的遊戲。	
粗大動作	○○○為一痙攣型腦性麻痺個案，其下肢張力屬於中到度高張，上肢張力屬於中到度輕到中度張力，目前穿踝足支架。 姿勢控制：能趴在地板上，並用手撐起上半身，在趴姿下，能伸出一手拿東西，坐在靠背的小椅子可維持平衡，可以坐立一段時間，但姿勢常其不穩定；在攙扶下維持跪姿，可在雙手攙扶下維持跪姿，但無法馬上放下，無法單腳跪站，無法蹲。 轉換姿勢：在重點肢體協助下，能由趴姿經四點跪跪轉接到W型坐姿；能由坐地板姿勢轉接到仰躺，在姿勢轉接中需要較長的時間轉接，且動作僵硬；在大人牽其雙手下，能從坐椅子到站起來，或由站到坐下。 移動能力：○○○的下肢張力屬於中到高張，可以左右翻滾及四點跪跪爬行，但其移動能力有明顯受限，且有剪刀腳刀腳的情形；上下樓梯跳及其他移行能力則有明顯困難。 簡單運動技能：在協助助四點跪姿下，能有續龍的動作，鑽出時帶著大人的肢體協助；拋至溜滑梯上，會以仰躺的姿勢溜下；抱在盪鞦韆上時，可以用手抓住盪鞦韆，由大人幫忙擺盪；在特製的三輪車上，能一下一下地踩動踏板，但無法連續踩動，手有少許控制力，需在大人扶其雙手下，能用下雙手丟球，協助下接球的動作，協助下能多續運動技能能受限於張力及動作受限的情形下，而有困難。	因受限於肌肉的張力較高，且踝腳尖情形，宜穿踝足支架，以免跳或踝關節變形。

精細動作	○○之上肢為輕到中度高張，其右手張力稍高於左手，所以其左右手動作能力較右手好。 抓放能力：可以伸手碰觸腦物品，但其抓握技巧無法對掌對側身過身跨論定放物品；左手可跨過身體對側掌握抓握物品，需要多次才能完成；右手動作較慢，三指取物品時，三指取物動作較巧，撿取物品較不穩定。 操作能力：能推疊積木、搬動／撿取物品至定點，也可堆疊三塊積木；能稍輕鬆使用大拇指及食指一次多翻薄頁；會使用的方式食指指腹將紙撕開，但有時候能壓開關的物品至食指中途才將水倒出，但舀的動作不穩定；能以大拇指及食指打開瓶蓋；但無法正確旋開旋緊物品及食指並用；示範式的糖果包裝紙，但不是正確撕開紙，能用大拇指及食指夾住正確放至定點；需手協助將反向將糖果拉扯開，但示範提示下掌指轉換技巧將綁蝴蝶結有困難。 簡單書寫作及書寫技能：能堆疊及排列積木，但常被自己的動作碰倒；能將粘土揉捏、搓揉，但無法作造型要求有折痕的紙摺疊對摺，但能用鞋帶繩穿洞洞板，但需協助穿／拉等四種形狀；能用正確握筆姿勢型，能用左手線條歪斜，但塗著著色，但會塗到線外面去約1.5公分以內不超出範圍；能描寫3筆動作2至3個點連成一線，但足線條走走直之二種以上的雙線條——○○等四種線條不超出指定範圍內；剪紙時，能自行開合剪刀，剪刀以內剪斷，但時會用拉的，協助將手的前三指套入剪刀後，能依照提示將紙貼於指定範圍內；能撕下貼的一刀剪斷，但時會用拉的，能撕下貼紙將紙貼於指定範圍內。把剪好的紙張貼於指定點。
生活自理	飲食：能自己獨立進食，但會用手拿取食物送入口中動作較慢，需以取物量尚無法穩定控制，且會用雙手擦壓毛巾，用餐具進食時有時會掉落；喝水方式食指取食物進口中動作較慢，有時倒太多有時倒到太少，需大人協助；能使用吸管及杯子喝水；其他進食協助或部分協助需大人協助，坐好用餐；拿餐具、坐好餐前洗手、拿餐具、湯匙。 如廁：有如廁需求時，能主動表示要小便／大便；大人帶至坐馬桶如廁，需大人協助使用衛生紙擦拭，如廁後能使用自己性符合自己的方式如廁、洗手；目前不需要穿尿布。 清潔與衛生：會開關水龍頭、將手放在水下沖，在口頭提示下，能使用肥皂洗手；會使用牙膏牙刷，取水量尚無法穩定控制（使用牙膏牙刷，口能含水、吐水及少許漱口毛巾擦臉，用乾時毛巾擦臉，有牙膏的量尚無法穩定控制），需要大人協助洗澡、洗頭髮；流的動作時，在肢體協助或部分協助需大人；口能含水、吐水及少許漱口；會配合大人協助洗澡、洗頭髮；流鼻涕時，會主動告知大人，能配合擤鼻涕，但需大人協助擦乾淨，有良好的衛生習慣。 穿著：能自己脫鞋子、襪子需大人協助，會嘗試自己拉開黏扣帶的動作，如廁時，有嘗試拉下褲子的動作，但目前仍需大人協助，如廁後，會將褲子拉上至腰部，然後由大人協助穿好褲子，拉目前穿脫衣服，喜歡由大人，拉鍊式衣服，大人協助穿好鞋頭，皆能配合動作。下拉鍊扣上／拉開拉鍊頭，但需協助拉開拉鍊；其他能力尚待發展中。

○○左手動作能力較好，所以吃飯、握筆寫字等應使用其優勢手──左手，但仿應鼓勵其右手為輔助手。

語言溝通	言語機轉	能正常呼吸、發聲；能自我察覺而閉口。
	言語理解	能在日常、喝水／穿……等情境下理解他人的語氣及簡單的指令；其語理解能力好，一般我／你／他之代名詞、物品之稱呼、上下、裡外／前後……等空間詞、紅色的／漂水的形容詞語彙皆能理解；而功能性指認；對於短的／複雜的形容句中「可比句」對比句中句，……等句中之一的指令，直述句、問句與否定句的理解；可以了解簡單句亦能理解；對理解均以有故事演的方式表演或書或聽懂運用語言則：但暗示性理解用語言內容。
	簡易表達	具備口語與口語使用；語彙表達及簡單句句表達均表現良好；問問題時、語彙以複雜情緒；會以聲音（笑、哭）表達情緒；能用語彙及正確表達；偶而會表示意思；能以複雜表情表達；但不會表示意思；說話完整，但內容不完整；說話時對使對象不同；但語調方式都不一樣；可以用簡單句（直述句、問句、否定句）；可以了解日常性的情形（構音正確率在75%）。
	口語理解	在幫音使用；偶而會表示意思；在溝通時、偶而會大人提示；需要大人協助；電話為主。學習型態與溝通需要大人協助。
	溝通能力	能使用口與老師及同伴打招呼；語音與需要提示；在溝通時、偶而會大人提示；需要大人協助；電話為主。學習型態與溝通需要大人協助。
認知	概念理解	具備物體版存概念及簡單因果概念；能依物品作物品配對與分類；基本物概念部分○○○會作同物配對與分類，能做功能性配對與分類；具有物品完形概念；具備基本顏色、形狀、三角形、方形、圖形之比較概念；能說出5個圖形，並將基本的圖形正確回應上下／裡外／前後之空間關係；長／小、多／少、大／小……等於左右概念尚不穩定；圖卡概念部分○○○對於玩具、實物、空間量少量文字符號；能唱認識1至10、但是數字1至10的數量概念尚不足；認識自己及部分同儕的姓名，其餘3至10能指認；能正確拿1至2個數量的東西；○○○能依概念清大小、無法正確依序排列數字、數序列及數量的應用能力尚待建立中；能依序內容排列圖卡；其動作不協調，因張力及動作限制。
	模仿	能模仿老師的示範，然後在帶下能作各種模仿；能模仿操作方法及聲音樣仿遊戲，但是動作不協調。
	記憶	能記住自己所有的位置、教室裡的玩具、日常用品位置也都記得在哪裡；能說出5種以上生活中、律動唱過的兒歌、律動能記住一部分。
	配對分類	會做相同物品外觀不同的配對分類；具備良好配對分類能力；能從同物品類中挑出不同東西；如物品一須良好配對分類；能找出挑出娃娃找不同東西、如：可以指出娃娃是不是生活在樹上的動物；對於熟悉的人會主動尋求幫助。
	邏輯思考	能找出排積木中挑出不同的東西；當遇到困難時、當主動取得協助；能將所學技能應用在生活情境中。
	解決問題	跳開某些物品時、會自動尋求未熟識的人、就容易放棄；在教室中、能按所學技能應用在生活情境中。
	簡單閱讀	對於熟悉圖卡、字卡，在大人解說下，能理解內容；並可將圖卡與字卡配對，目前尚未建立音符號及關讀的子句的能力。

社會適應	自我概念：具有良好的自我概念，能認識家人、老師、自己的物品、了解自己的身體部位名稱及性別，目前還不知道家中電話號碼。 環境適應：即使由家人陪伴，對於陌生環境仍會緊張怕生，和其一起玩；收拾或完成工作，需一段時間適，由大人的指示，遇到危險事物，能遵守教室規則，在大人陪同下能參與新事物：看到家人時，會喜歡大人退井，當熟悉後，會聽從大人的指示，遇到挫折時給予鼓勵可以繼續嘗試。 人際互動：看到家人時，會與大眾說出稱謂，與他人互動時，和同伴一起玩；會靜待並與他人輪流，會回應對方，但是回應的速度較慢，在口頭提示下，能與他人分享、幫助別人，活動時，能接受靜特質。 遊戲特質：對於各類物品，玩具有功能的操作，在同伴帶領下，會與同伴一起合作玩積木、玩扮家家遊戲；在大人帶領下能玩簡單規則遊戲。

目標擬定 ◇◆◇◆◇◆◇◆◇◆

　　每個題目的 0 至 4 分計分標準，也依該題目所描述的能力或行為表現作細分，所以對於學習能力較慢或障礙程度較重的個案而言，該題目可以成為長程目標，而評分標準可以成為短程目標。但對於發展遲緩情形較輕微或有較佳的學習潛能者，可以該項目成為長程目標，題目則成為短程目標。

○○○○○○中心

領域	長程目標	短程目標
感官知覺	感官知覺表現良好且符合年齡，不設目標	
粗大動作	1. 提升姿勢控制能力	1-1 能坐在有靠背的椅子上維持正常坐姿30分鐘以上 1-2 能穩定用雙膝跪且維持背部臀部挺直，至少10分鐘 1-3 能手扶物獨自站立維持一段時間
	2. 提升轉換姿勢能力	2-1 能手扶物從站定穩定坐到椅子上 2-2 能手扶物從站姿到蹲下 2-3 能手扶物從蹲姿轉換到站立
	3. 提升移動能力及簡單運動技能	3-1 能使用助行器向前行走，並控制方向 3-2 能玩鑽籠遊戲（獨立鑽進、鑽出） 3-3 會踢球至少定點至3公尺
精細動作	1. 提升手部操作能力	1-1 能以正確方式撕開紙張 1-2 能打開至少2種繩結
	2. 建立簡單書寫技巧	2-1 會仿畫5種以上圖形 2-2 會描寫數字及簡單國字 2-3 會抄寫數字及簡單國字
生活自理	1. 提升盥洗能力的獨立性	1-1 能獨立完成洗手動作 1-2 能獨力完成刷牙及洗臉
	2. 提升穿著能力	2-1 能自己脫鞋 2-2 能一手扶欄杆，一手脫下褲子 2-3 能一手扶欄杆，一手穿上褲子

領域	目標	指標
語言溝通	1.增加短文理解的量	1-1 能正確回應「要～不要～」句型 1-2 能正確回應二個指令的句型 1-3 能正確回應複雜句的句型 1-4 能聽懂一段話
	2.提升溝通效度	2-1 溝通時，無法理解訊息，會要求對方重述 2-2 溝通時，對方表示不懂時，能再次澄清說明 2-3 上課時，能主動溝通及回答問題
認知	1.建立 1 至 10 之數概念	1-1 能正確拿 1 至 10 之數量物品 1-2 能正確排出 1 至 10 之數字序列
	2.建立簡單閱讀能力	2-1 能指認常見字卡 2-2 能讀出字卡的內容
社會適應	1.建立收拾書包能力	1-1 能將自己所有物放入書包 1-2 能清點自己所有物，並整理
	2.提升遊戲技能	2-1 能玩角色扮演遊戲 2-2 能玩簡單規則遊戲

參考資料

1. 林麗英（1997）：**學前發展性課程評量**。台北市：心理。
2. 王天苗等（2002）：**嬰幼兒綜合發展測驗**。台北市：教育部。
3. 台北市第一兒童發展文教基金會（1993）：中重度智障者功能性教學綱要。**心智障礙兒童教育叢書之六**。台北市：作者。
4. 王天苗（1987）：**生活適應能力檢核手冊**。台北市：心理。
5. 徐澄清、蘇喜、蕭淑貞、林家清、宋維村、張珏（1978）：學齡前兒童行為發展量表之修訂及初步常模建立。**中華民國小兒科醫學會雜誌，19**（2），142-156。
6. 陳淑美、盧銘欽、蘇建文、鍾志從（1991）：**貝萊嬰兒發展量表常模之建立**。台北市：國立台灣師範大學教育心理與輔導學系。
7. Alpern, G., Boll, T., & Shearer, M. (1980). *Developmental Profile II manual*. Aspen, CO: Psychological Development Publications.
8. Amdur, J., Mainland, M., & Parker, K. (1990). *Diagnostic Inventory for Screening Children: Manual*. Ontario: Kitchener Waterloo Hospital.
9. Furuno, S., O'Reilly, K., & Hosaka, C. (1988). *Hawaii Early Learning Profile (HELP): Checklist*. CA: VORT Corporation.
10. Newborg, J., Stock, J., Wnek, L., Guidubaldi, J., & Svinicki, J. (1984a). *Battelle Development Inventory Screening Test*. Allen, TX: DLM Teaching Resources.
11. Newborg, J., Stock, J., Wnek, L., Guidubaldi, J., & Svinicki, J. (1984b). *Battelle Development Inventory*. Allen, TX: DLM Teaching Resources.

國家圖書館出版品預行編目資料

早期療育課程評量：指導手冊／林麗英編製.
--初版.--臺北市：心理, 2009.05
面；　公分.--（障礙教育系列；63091）

ISBN 978-986-191-270-7（平裝）

1. 早期療育

529.6　　　　　　　　　　　　　　　98007376

障礙教育系列 63091

早期療育課程評量——指導手冊

編 製 者：林麗英
責任編輯：郭佳玲
總 編 輯：林敬堯
發 行 人：洪有義
出 版 者：心理出版社股份有限公司
地　　址：231026 新北市新店區光明街 288 號 7 樓
電　　話：(02) 29150566
傳　　真：(02) 29152928
郵撥帳號：19293172　心理出版社股份有限公司
網　　址：https://www.psy.com.tw
電子信箱：psychoco@ms15.hinet.net
排 版 者：辰皓國際出版製作有限公司
印 刷 者：辰皓國際出版製作有限公司
初版一刷：2009 年 5 月
初版八刷：2024 年 1 月
I S B N：978-986-191-270-7
定　　價：新台幣 200 元